Die Künstlerkolonie Wilmersdorf

Manfred Maurenbrecher

Die Künstlerkolonie Wilmersdorf

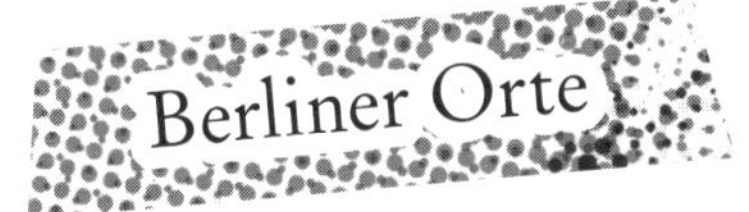

be.bra verlag

Bibliografische Information der Deutschen Nationalbibliothek
Die Deutsche Nationalbibliothek verzeichnet diese Publikation in der Deutschen Nationalbibliografie; detaillierte bibliografische Daten sind im Internet über http://dnb.d-nb.de abrufbar.

KulturBrauerei Haus 2
Schönhauser Allee 37, 10435 Berlin
post@bebraverlag.de
Lektorat: Ingrid Kirschey-Feix, Berlin
Umschlag und Titelfoto: Manja Hellpap, Berlin
Satz: typegerecht, Berlin
Schrift: Stempel Garamond 10/14 pt
Druck und Bindung: GGP Media GmbH, Pößneck
ISBN 978-3-89809-128-2

www.bebraverlag.de

Inhalt

7 Prolog
13 Geschichte der Gartenstadt
21 Eine Wohnung für fünf Personen
29 Nachkriegsleben in der Küko
39 Die rote Tintenburg
57 Der vierte Wohnblock
65 Rund um den Rüdi
73 Jugendliches Umfeld
79 Die Schule
91 Die Post
97 Ganz im Westen
109 Nachspiel

Sketche und Liedtexte

117 Musisch
121 Der Besuch
124 Anfang des Gedankens
127 Der Kettenbrief
130 Paradies Rüdi
133 Viel zu früh

139 Schlussbemerkung
140 Abbildungsnachweis
141 Der Autor

Prolog

Im April 1993 gab es in Nordostdeutschland einen dramatischen Wetterumschwung. Am 19. noch treibender Regen mit Temperaturen um knapp fünf Grad, in den Tagen danach ein kalter Sonne-Wolken-Mix mit Sturmböen, brach am 22. April urplötzlich die Hitze aus.

Ich hatte einen Auftritt in Dresden, und die paar Zuschauer, die in das kleine Theater gekommen waren, die Leitung des Hauses, wir alle saßen schon in der Pause euphorisiert im Innenhof und nach der Vorstellung bis ins Morgengrauen noch draußen. Sommer war plötzlich da, unerwartet, unangekündigt.

In dieser Nacht starb meine Mutter. Ein alter Mensch erträgt solche Umschwünge schwer. Ich hatte mehrere Anrufe von ihrer Zugehfrau auf meinem – damals noch illegal installierten – Anrufbeantworter: Sie teilte mir erst zögernd und dann sehr klar mit, sie habe die Mutter am frühen Morgen in ihrer West-Berliner Wohnung tot vorgefunden. Eine Woche später hatte ich den Blick halbwegs frei, um mir die Wohnung, in der die Mutter gestorben war, mit ein wenig Distanz anzuschauen. Es war auch die Wohnung meiner Kindheit. Meine Familie lebte dort seit 1956. Ich war fünfzehn Jahre später weggezogen und dann nur noch zu Besuch gekommen – Ausnahme ein halbes Jahr, in dem ich als junger Tyrann am Herd meiner Eltern eine Doktorarbeit zu Ende schrieb.

Jetzt waren die viereinhalb Zimmer von Menschen leer. Von Möbeln, Büchern, Gerätschaften, Kleidern, Bildern natürlich randvoll. Von den Erinnerungen sowieso.

Und das muss jetzt alles geräumt, weg, aufgelöst werden, verschwinden, so mein erster Gedanke.

Dann setzte bald eine Abwiegelung ein – Erbgeld war vorhanden und das bedeutete Zeit, um diese schwere Entscheidung wenigstens zu teilen und noch hinauszuschieben. Kündigen oder behalten? Das erst gemeinsam mit meiner Lebenspartnerin nach ein paar Monaten zu entscheiden und solange alles so zu belassen, wie es war, dieser Entschluss setzte sich allmählich durch.

Vielleicht ein wenig die Tagebücher der Eltern sichten. Jetzt, wo der Sommer kam. Die Wohnung in aller Ruhe ausleeren und renovieren …

… in den hellen Monaten, in denen die Trauer sich allmählich wieder mit Freude mischen würde.

Ich weiß sehr genau, als ich die Wohnung verließ am 28. April 1993, sprang ich zum ersten Mal wieder wie als Kind die Treppenstufen runter, drei auf einmal zum dritten Stock, vier zum zweiten und sieben von den zehn Stufen am Ende, zum Erdgeschoss hin. Dass es so richtig knallte! Als ich danach am Südwestkorso an der Bushaltestelle stand – die Linden blühten, die das ganze Viertel begrünen, ein paar Jugendliche kickten eine defekte Fahrradklingel übern Asphalt und alte Frauen schauten ihnen missbilligend nach – da dachte ich: Diese *Künstlerkolonie* hier, dieses Tortenstück aus drei Wohnblöcken und einem grünen Platz, das ist eigentlich die spießigste Ecke Berlins. Hier herrscht der typische Leerlauf des kleinbürgerlichen Westens, hier liegt das zugleich freundlichste und langweiligste Areal, das ich mir vorstellen kann.

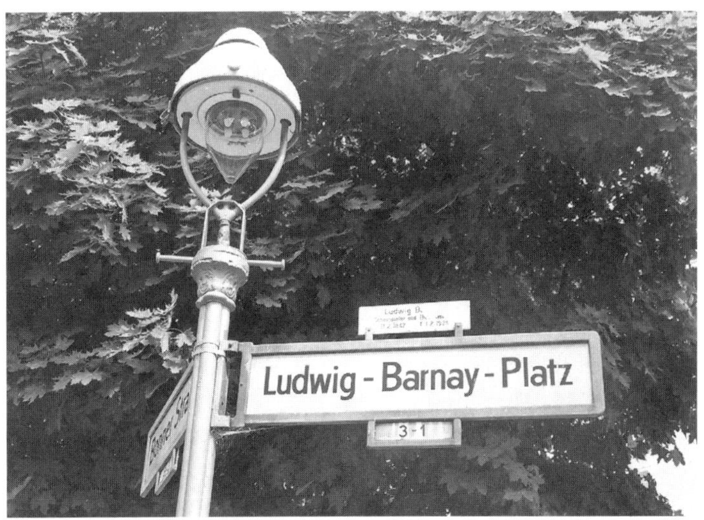

Der Ludwig-Barnay-Platz hieß bis 1963 Laubenheimer Platz

Den Begriff *gated community* kannte ich damals noch nicht, aber ich dachte: An den drei Einfallswegen müssten jetzt eigentlich auch drei Wächter stehen, an der Laubenheimer, der Bonner und der Kreuznacher Straße.

Und die müssten die drei Ende der zwanziger Jahre gebauten Wohnblocks ordentlich bewachen. Mit ihren Säulenheiligen vergangener Jahrzehnte. Mit ihren Legenden vergangener politischer Kämpfe. Mit ihren Weinreben an den Hauswänden, die alles so beschaulich wuchernd ausschauen lassen.

Und sie müssten aussieben, wer hier überhaupt rein darf. In das lebende Museum. Auf den Laubenheimer Platz meiner Kindheit zum Beispiel – diese mit fünf Gingko-Bäumen, Blumenrabatten, geschorenem Rasen, einem spärlichen Kinderspielplatz und betonierten Tischtennisplatten ausgestattete, 1963 in Ludwig-Barnay-Platz umbenannte Freizeitgrünanlage in der Koloniemitte.

Die Wächter müssten den alten Frieden bewachen, von dem diese Stadt doch sonst eigentlich gar nichts mehr übrig hat seit dem Einschnitt vom Herbst '89, vielleicht nur noch hier – diesen falschen Frieden.

So dachte ich und empfand zugleich ein tief eingelagertes Heimatgefühl, war selbst ein Teil dieser scheinbaren Harmonie, über die ich spottete, abtrünnig vielleicht, aber doch hier verankert und nirgendwo sonst so zu Hause, ob ich es wollte oder nicht.

Und dass der Bus, obwohl er gerade erst am Breitenbachplatz um die Ecke eingesetzt hatte, zwei Minuten zu früh die Haltestelle anfuhr, registrierte ich mit dem gelangweilten Blick eines Ureinwohners, der normalerweise genau dann aus dem Schatten tritt, wenn der Bus vor ihm hält.

Mittlerweile wächst übrigens auf dem Ludwig-Barnay-Platz schon lange das Gras, ungehindert von menschlichem Ordnungssinn. Das Bezirksamt Wilmersdorf-Charlottenburg hat so wenig Etat für die Parkpflege übrig wie alle anderen Kommunen im Land, und den Anwohnern ist ihr Platz bisher eine Eigeninitiative nicht wert gewesen. Die schmucken, in die Rasenfläche eingelassenen Feldsteine sind in feuchten Sommern so überwuchert, dass man über sie stolpern kann beim Schlendern durch das Grün, und wenn man dann fällt, landet man in einer von Kinderpisse und Hundekot getränkten Wiesenseligkeit, die einen vieles vergessen lässt. Ob man das mag oder nicht. Eine Wiesenseligkeit, durch die manchmal Bälle segeln, die man nicht fangen muss als Sonnenbader, die man ziehen lassen kann wie die Zugvögel. Wie die gebratenen Tauben aus dem Schlaraffenland.

Man liegt in der Wiese und hört die Koloratursängerinnen üben aus ihren offenen Fenstern rund um den Platz, wie schon seit Jahrzehnten.

Wenn der Abend kommt, kann man den angenehmen Kifferdampf einatmen von Oberschülerpulks, die sich um die Bänke am ehemaligen Rosenbeet knäulen.

In dem nun das Gras wächst, das immer wächst.

Zum guten Ton der Bewohner heutiger Zeit gehört es übrigens, sich gegenseitig einzuschwören auf die fehlende Parkpflege mit solchen Sätzen wie: »Ist doch viel echter als all die blöden Rabatten. Hier zeigt die Natur jetzt mal ordentlich, was sie drauf hat …«

Und das, statt hemdsärmeliger Eigeninitiative, macht mir die Gegend sympathisch. Das ist für mich Zuhause.

Und einer Künstlerkolonie auch irgendwie würdig, finde ich.

Wir haben die Wohnung also seinerzeit behalten. 1994 zogen wir aus Kreuzberg dorthin. Mit vierundvierzig kam ich zurück als Familienmensch und brachte meine zehn Jahre jüngere Frau Kristjane und Max, unseren damals Fünfjährigen mit. Meine paar Wanderjahre waren vorbei. Ich kehrte heim in den Schoß meines Kiezes. In die Hut der *Küko*.

Jetzt werde ich davon erzählen. Von Kindheit, Wohnen und Altern. Was nicht ganz so einfach ist mit dem Blick tief da drin – so wenig distanziert, so unweise, was die Wege der weiten Welt ringsum betrifft.

So als ein Eingeborener, der zwar in dieser Welt ein wenig herumgekommen ist, aber ja eigentlich nüscht anderet kennt als seinen Kiez.

Geschichte der Gartenstadt

Von den Wilmersdorfer und Schöneberger *Millionenbauern* hörten wir als Kinder im Heimatkundeunterricht: Hart schuftende Märker, denen am Ende des 19. Jahrhunderts das expandierende Berlin auf die Pelle rückte, sodass ihr karges Land plötzlich Unsummen wert war, die sie durch Verkauf von einem Tag zum anderen erzielten, oft ohne zu ahnen, was ihnen geschah, sich davon Villen bauen ließen, in die manche von ihnen nur barfuß und durch den Hintereingang schlichen, weil sie den Reichtum und den Besitz mit ihrem Stand und mit sich selbst als ganz unvereinbar empfanden.

Das war zur Jahrhundertwende. Wie es der nachfolgenden Generation von Bauern erging, die ja am Rand der Großstadt, der neuen Jugendstil-Siedlungen von Schöneberg, Steglitz, Charlottenburg und Wilmersdorf weiterwurstelte, Felder und Obstplantagen bestellte, das ist im Unterricht nicht besprochen worden. Sicher spekulierten sie auf den Verkauf, vielleicht hatten sie mit den Erschließungsgesellschaften schon Vorverträge geschlossen. Jedenfalls dauerte es noch gut zwanzig Jahre, bis der von dem Stadtinvestor und Architekten Georg Haberland am Reißtisch entworfene Südwestkorso, anfangs eine Mischung aus Straße und Reitweg, der vom Bundesplatz bis zum Breitenbachplatz führt, vollständig bebaut wurde. Bis 1910 endete Haberlands großbürgerliches *Rheingau-Viertel* an der Laubacher

Straße, der Korso führte weiter durch Ackerland, quasi ein Vorbote der Urbanität, bis zu der ebenfalls schon fertiggestellten U-Bahn-Station am Breitenbachplatz. Bauernschaft links und rechts davon.

Mitte der zwanziger Jahre erst setzte sich die Westbewegung der Stadt fort. Eine »Gartenstadt am Südwestkorso« entstand, nach den Entwürfen eines Architekten namens Jean Krämer gebaut. Jetzt waren Wohnungsbaugenossenschaften die Geldgeber und die Häuserblocks gerieten um einiges schlichter als in der Vorkriegszeit. »Fünfgeschossige Putzbauten mit Walmdächern, die in Blockrandbebauung ausgeführt sind«, so beschreibt es nüchtern ein architektonischer Text. Mehr als zehn solcher Blocks wurden geplant zwischen Laubacher Straße und Breitenbachplatz. Wie viele von ihnen bis zum Zweiten Weltkrieg überhaupt fertiggestellt worden sind, darüber scheint man sich uneins zu sein.

Spätestens 1953 jedenfalls war das ganze Ensemble zu Ende gebaut, einheitlich im Stil, ockerfarben gestrichen – nur die Baumaterialien waren in der Nachkriegszeit schlechter geworden, was man den neueren Häuserblocks bis heute ansieht.

Seit 1990 steht alles unter Denkmalsschutz.

Am nordwestlichen Ende der Gesamtanlage machen drei dieser Blöcke die Künstlerkolonie aus. In ihrer Mitte der Laubenheimer Platz, in den Sechzigern umbenannt nach dem Schauspieler Ludwig Barnay.

Waren die anderen Bauteile finanziert von einer *Heimat Gemeinnützige Bau- und Siedlungs AG*, fungierten für die drei Kolonieblöcke die *Genossenschaft Deutscher Bühnenangehöriger* (GDBA) und der *Schutzverband deutscher Schriftsteller* als Geldgeber. Ludwig Barnay war im 19. Jahrhundert einer der Gründer der GDBA gewesen, einer sehr wohlhabenden Ständegewerkschaft übrigens – während die Schriftstellervertretung in den zwanziger Jahren, genauso wie heute, eher knapp bei Kasse war und sich deshalb bescheiden mit einem knappen Viertel an den Kosten beteiligte.

Ursprünglich war noch ein vierter *KüKo-Block* geplant, der Bau wurde aufgeschoben und von den NS-Kulturverantwortlichen dann unterbunden. Die Architekten Ernst und Günther Paulus waren angehalten, kostengünstig in solider Qualität Wohnraum für wenig Begüterte zu schaffen, wobei der Anteil von Alleinstehenden berufsbedingt höher lag als üblicherweise, was die vielen Anderthalb-Zimmer-Wohnungen erklärt. Die Brüder Paulus hatten – da stimmen die meisten Bewohner zu – eine glückliche Hand für den Zuschnitt von Räumen, diese wirken durchweg größer als die Quadratmeterzahl nachweist. Weniger gelungen sind die Maße bei Küche und Bad – das Konzept Wohnküche galt damals vielleicht als großbürgerlich-spleenig, und man hat vermutlich künstlerisch Tätige sowieso mehr in der Innenstadt während der Arbeit oder daran anschließend sich verköstigen gesehen.

1927–1930 war sicher auch für die kleinbürgerliche Klientel, die in die neuen Blocks rundherum einzog, eine harte Zeit mit Arbeitslosigkeit und Unsicherheit. Aber das Künstlervolk, das sich jetzt hier niederließ, brachte wohl die geballteste wirtschaftliche Not nach West-Wilmersdorf. *Hungerburg* oder *Rote Tintenburg* waren sofort die Spottnamen für die Kolonie. Der Anteil der Mietschuldner soll von Anfang an überdurchschnittlich hoch gewesen sein. Bei der Grundsteinlegung – der GDBA-Vorsitzende Erich Rickelt spatete den Grundstein in die Erde – hatte es noch geheißen: »Aus dem Nichts schafft ihr das Wort, und ihr tragt's lebendig fort, dieses Haus ist euch geweiht, euch, ihr Schöpfer unsrer Zeit«. Aber bald lag zutage, dass hier nicht nur überwiegend Arme, sondern auch ziemlich Unbequeme und die Verwaltung Nervende eingezogen waren.

Die große Menge von – später! – Prominenten, die seit Ende der Zwanziger in den drei Küko-Blocks lebte, ist gut dokumentiert, es gibt einen *Künstlerkolonie e. V.*, der eine komplexe Netzseite unterhält und weitertreibt, auf der man in die geschichtlichen Erlebnisräume eintauchen kann, wenn man Zeit und ein wenig Fantasie dazu mitbringt. Ganz allgemein kann gelten: Überwiegend Linke lebten in den Umsturzzeiten zwischen Südwestkorso und Breitenbachplatz, und überwiegend NS-Anhänger gegenüber in den sogenannten *Postblocks* auf Steglitzer Terrain. Angeblich waren dort in der Markel- und Treitschkestraße die Häuser anfangs hauptsächlich für Postbeamte und -angestellte gebaut worden. Dort und im älteren Jugendstil-Gebiet Friedenaus empfand man deutsch-national – zunehmend in der Krisenzeit um 1930. Und je mehr die rechtsstaatlichen Reste der Weimarer Republik sich auflösten, schließlich ganz ungebremst nach der Machtübernahme der NSDAP, desto häufiger wurden die *Roten und Juden* beim Nachhauseweg vom U-Bahnhof Breitenbachplatz von den *Braunen* angepöbelt, überfallen, attackiert. Die Schauspieler/innen und Schriftsteller/innen bildeten Schutztrupps für die Anreisenden des Nachts, und es kam immer wieder zu Pöbelei, Straßenschlachten und übler Gewalt. Die Polizei hielt sich raus, die städtische Wohnungsverwaltung GEHAG erklärte sich für unzuständig, die Behörden stellten sich taub. Selbst, als es zu SA-Überfällen von einzelnen Wohnungen kam, in denen angeblich Kommunisten lebten.

Wiederholung und Gewöhnung sind die Sedativa, die das Unrecht braucht, um Alltag sein zu können. In der Nazizeit gingen die Küko-Blocks besitzmäßig über in eine sogenannte *Josef Goebbels-Stiftung*. Natürlich lebten weiterhin überwie-

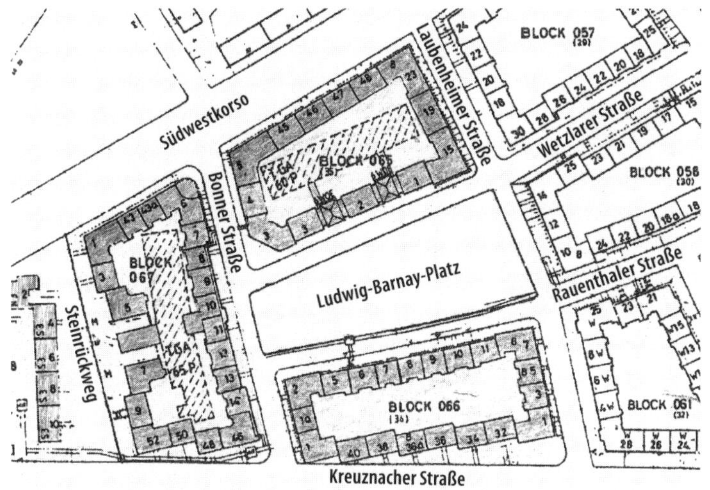

Die Blocks der Küko um den Ludwig-Barnay-Platz

gend Künstler mit ihren Familien in den Wohnungen, wenn auch keine Linken mehr, höchstens still verborgene. Der Rest war emigriert – und in zahlreichen Biografien wird die Küko später erwähnt sein, erinnert werden und bei der historischen Auswertung der Emigrantenschicksale deutscher Intellektueller während der NS-Zeit einmal eine Rolle spielen.

Nach Ende des *1000-jährigen Spuks* jedenfalls gingen die drei Wohnblocks in den Besitz der senatseigenen GEHAG über, die jetzt die ganze Gartenstadt am Südwestkorso übernahm. Einige der Vertriebenen kehrten zurück, manche auf Dauer, andere als Zwischenspurt in ihren Wanderer-Karrieren, die ein erfülltes Schauspielerleben oft prägen. Sie kehrten zurück in ein Stück Heimat, das zwar nicht mit Wohnungsbesitz verbunden war, aber doch mit ein wenig Sicherheit auf den Zugriff, denn die

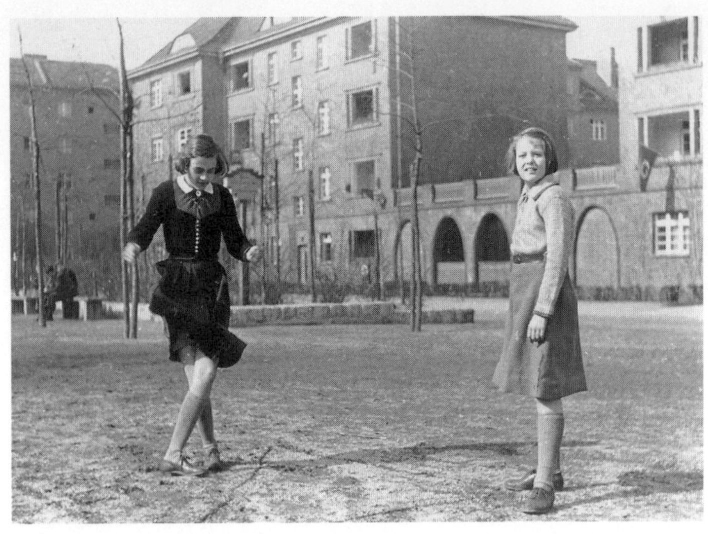

Der Ludwig-Barnay-Platz, 1936

GDBA behielt der GEHAG gegenüber das Belegungsrecht für die Wohnungen.

Daran änderte sich auch nichts, als der Senat 1994 beschloss, die drei Blöcke zu veräußern. Das war übrigens widerrechtlich, denn kurz vorher hatte man im Abgeordnetenhaus beschlossen, Wohnungen aus Senatsbesitz, die veräußert werden sollten, immer erst den Mietern als Eigentum anzubieten. Hier aber wurde ein ganzes Paket Immobilien vom SPD-Senat direkt an die (SPD- und gewerkschaftsnahe) Veba rübergereicht, und man erfuhr noch nicht einmal, zu welchem Preis.

Damals waren wir gerade wieder zugezogen und gerieten mit den anderen Mietern in empörte, wild spekulierende Versammlungen, in denen unter anderem die Gründung einer *Künstler-Wohngenossenschaft* zum gemeinsamen Immobilienerwerb erwogen wurde – was allerdings den Interessen der GDBA ganz entgegenstand. Denn die behielt auch bei den folgenden, fast zweijährlich stattfindenden Weiterverkäufen des Wohnungsbestands ihr Belegungsrecht, das sie bis heute innehat. Zum Glück, denn eine Umwidmung in Wohneigentum ist so bis auf Weiteres ausgeschlossen und macht die Küko-Blöcke immer noch fast immun gegenüber der wachsenden Immobilien-Spekulation.

Ich klopfe beim Schreiben auf Holz …

Wohnungseigentümerin ist seit mehreren Jahren die *Deutsche Annington*, eine Vermieterin mit einem weniger guten Ruf. Ich stimme in die Schelte hier nicht mit ein, aber es gibt Mitmieter, die gute Gründe dafür haben.

Nach dem Rückzug des Senats, in zwei Jahrzehnten, in denen auch viele unkünstlerisch tätige Mieter zugezogen waren, weil das Interesse, hier im Vorort zu leben, klein war, sah es in der Küko immer mehr nach Verfall und Stagnation aus. Sieht man die Blöcke jetzt, im Frühjahr 2016, so ist einmal nach außen hin alles wieder ordentlich renoviert, korrekt in den vom Denkmalsschutz vorgeschriebenen Farben, die Weinranken am Mauerwerk sind beseitigt, sogar Fahrradständer im Hof sind endlich angebracht und die Nachfrage nach erschwinglichem Wohnraum in einer Gegend, die noch nicht von Starbucks und Inside-Galleries zugerichtet ist, nimmt wieder zu.

Die Schilder an den Hauseingängen und die Stolpersteine erinnern an bewegtere Zeiten. So, als wäre hier etwas gelungen, weil erledigt und bewältigt.

Wenn wir uns da nicht täuschen …

Eine Wohnung für fünf Personen

Die Familie verdankt meinem Opa die Wohnung in der Laubenheimer Straße. Der Mietvertrag lautete anfangs auf den Intendanten a.D. Otto Maurenbrecher, dem das eine große Genugtuung gewesen sein muss.

Vorher hatten wir zu fünft beengt als Untermieter in einer Villa in Lichterfelde gelebt, Großeltern, Eltern und ich. Schauspieler-Paar, Bibliothekars-Paar und Erwachsenen-Kind. So zusammen schweißten wir fünf uns nur, weil meinen Großeltern seit Kriegsende alle finanziellen Mittel abgingen. Vorher bürgerlich-wohlhabend, waren sie vom Beamtengehalt des Sohnes, meines Vaters, ganz abhängig geworden. Meine Eltern ließen sie das nie spüren – umgekehrt: Die Großeltern hielten ihnen diese Unselbständigkeit dann und wann pathetisch vor.

Dabei hätte man die *Schuldfrage* leicht zurückgeben können – es war nämlich des Großvaters eigenes cholerisches Temperament gewesen, das ihn arm gemacht hatte.

Um seine Karriere als Theaterleiter krönen zu können, die sich vorher an Provinzbühnen abgespielt hatte, war er in den Dreißigern ans Berliner *Theater des Volkes* gewechselt – den alten Friedrichstadtpalast am Schiffbauerdamm – und dort Verwaltungsdirektor geworden. Für diese Stellung hatte er in die NSDAP eintreten müssen. Wahrscheinlich war er ein typischer Mitläufer, wenngleich tief konservativ, antilinks, vielleicht auch antisemitisch in dem Maß, in dem künstlerisches deutsches Kleinbürgertum dazu neigte.

Das in Gemälden und einer Lebensversicherung angelegte kleine Vermögen futsch, zerbombt, hatte er nach dem Sieg der Alliierten wie viele Hunderttausende bei einer Entnazifizierungsstelle zu erscheinen und sich den Fragen eines britischen Offiziers zu stellen. Der Offizier ging bei einem gebildeten Mittelständler von der Beherrschung der englischen Sprache aus – vielleicht als Unterwerfungsgeste, möglicherweise aber auch, um ein differenziertes Gespräch mit dem bunten Mann zu führen. Mein Großvater bockte: »Sind wir hier in Deutschland oder wo?« Darauf hingewiesen, dass ja er hier der Befragte sei, der zu antworten habe, stellte er sich dumm, er verstünde die englischen Fragen nicht. Ob ihm der Ernst der Situation denn bewusst sei: Erst das unterschriebene Entnazifizierungspapier bedeute doch Zugang zu den Sozialleistungen des neu entstehenden deutschen Staates. Wenn man sich hier nicht deutsch mit ihm unterhalte, dann – Staat hin, Staat her – bleibe er eben ein Nazi. So des Großvaters letztes Wort.

Lebenslang eine Art Notrente für sich selbst und seine Ehefrau war die Quittung für diesen fehlgeleiteten Anfall von Stolz. Nachdenklichkeit und ein wenig Demut hätten dieses eine Mal besser gepasst. So etwa 80 Mark im Monat bekamen die zwei, für den Rest musste ab jetzt mein Vater sorgen.

Ich erinnere mich an Fahrten mit der Straßenbahn aus dem idyllischen Lichterfelde in die weitläufig zerbombte Innenstadt zum *Knie* – dem Platz, den sie später nach Ernst Reuter benannten. Am *Knie* saß damals der *Deutsche Bühnenverein* in einer Art Baracke, dort, wo später die TU-Gebäude stehen sollten, und in der Baracke arbeitete Frau Hänsel, die Chefsekretärin.

Sie kannte meinen Opa aus jenen besseren Zeiten, über die sie beide in meiner Anwesenheit nur vorsichtige Andeutungen machten. Der Opa hatte Ämter im Bühnenverein, der Vertretung der Theaterleiter, innegehabt, sein Name galt dort etwas. Er war stolz, das mir, dem sechsjährigen Enkel präsentieren zu können. So wie er einen Heidenspaß daran fand, sich auf der Fahrt bei jeder Unterführung, die die Straßenbahn nahm, mit mir zusammen zu ducken, sonst würden wir ja anstoßen und vielleicht steckenbleiben ...

Die Frau Hänsel, die auf mich immer ein wenig gebeugt und freudlos wirkte und für Kinder nichts übrig hatte, vermittelte dem »Herrn Intendanten« und seiner Gattin manchmal Präsentkörbe des Bundespräsidenten Heuß und manchmal irgendwelche Zulagen für notleidende Künstler – aber vor allem besaß sie einen Überblick über freie Wohnungen in der Künstlerkolonie. Da waren ein Blumenstrauß, ein mit Widmung versehener Memoirenband eines populären Kollegen durchaus nützlich eingesetzte Investitionen, die der Opa unbedenklich vornahm, den Protest seiner haushälterisch strengeren schwäbischen Ehefrau kühl beiseite schiebend.

Sein Kalkül ging auf.

Es stand eine Viereinhalb-Zimmer-Wohnung zur Disposition, 115 Quadratmeter groß für uns fünf, im Eckhaus Laubenheimer/Kreuznacher Straße, vierter Stock. Der von meiner Mutter vorgebrachte Einwand, das seien vielleicht für zwei über siebzigjährige Menschen doch ein paar Stufen zu viele und zu steile Treppen, wurde mit theatralischem Hohn pariert: Da solle sie mal sicher sein, dass die beiden Alten das wie auf Flügeln nähmen und behänder dort rauf- und runterklettern würden als ihresgleichen, die *Kriegsgeneration* – was als Synonym für Geschwächtes verwendet wurde.

Man wartete auf Frau Hänsels Signal zur Besichtigung – Telegramm oder Depesche, ich weiß es nicht mehr, Telefon jedenfalls gab es in unserem Haushalt damals nicht. Herr und Frau Schott, die Vormieter, öffneten die Tür mit Besitzerstolz. Sie hatten die Schäden, die dem Eckhaus kurz vor Kriegsende zugefügt worden waren, mit eigenen Händen beseitigt, hatten zusammen mit anderen Mietern zwei Stockwerke, dritte und vierte Etage, aus den Schuttsteinen der Bombardierung wieder hergestellt, hatten das Dach neu gedeckt – mit Hilfe der Wohnungsgesellschaft, das ja –, waren aber durch die verantwortungsvolle Handarbeit doch auch ein bisschen in den Stand versetzt worden, als gehöre dieses Haus jetzt ihnen. Mit all den überstandenen Mühen, dem Handwerkerstolz, dem sichtbaren Erfolg.

»Hier hast du eine Murmel, lass die mal laufen«, forderte Herr Schott mich an einer Ecke des großen leeren Wohnzimmers auf – sie kullerte quer über das Parkett genau in die diagonal andere Ecke des Raumes. »So ganz eben haben wir den Boden eben nicht hingekriegt«, entschuldigte sich der Hausherr, »aber es hält ja …«

Auch Herr Schott war ein Schauspieler, ein lustiger und gewandter Mann. Warum er die feine Wohnung aufgab, weiß ich nicht, der Mietpreis kann es eigentlich nicht gewesen sein, der betrug damals, ab November '56, für uns mit Nebenkosten 170,90 Mark.

Wir waren begeistert von den fünf Zimmern. Natürlich bekam ich das kleinste, nach hinten raus, aber mit Klappbett, dem Vorgänger des jugendlichen Hochbetts, so dass nicht nur Schreibtisch und Schlafgelegenheit für mich bereitstanden, sondern auch zwei Hocker und ein zusammenschiebbares Spieltischchen, falls Freunde kamen.

Die blieben erst einmal aus.

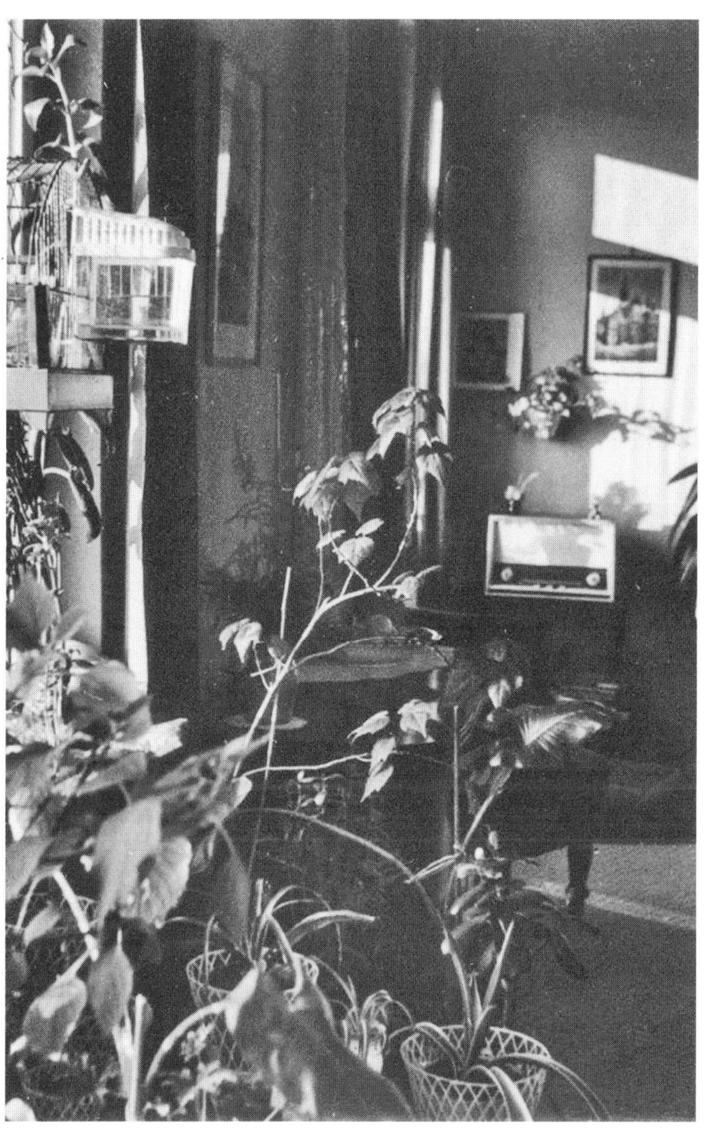

Wohnzimmer mit Radio und Kanarienvogel, 1959

Ich war knapp sieben und wollte auf keinen Fall zur Schule. Schon der Umzug war ein Schock für mich gewesen, und die angeblich normale Neugier auf Gleichaltrige ließ in meinem Fall auf sich warten. Als mich der Schulpsychologe aufforderte, einen Kinderzoo oder ähnliches zu malen, legte ich ihm ein so schlecht gekliertes Buntstiftbildchen hin, dass er sofort der Rückstellung zustimmte.

Richtig erschrocken sah der aus.

So konnte ich in Ruhe mein neues Zimmer entdecken. Dann den Flur. Die Loggia. Diesen tollen Hängeboden, voll mit Koffern der Erwachsenen – von dem die Oma erzählte, bei ihr zu Hause in Stuttgart hätte es auch so einen gegeben, nur dass da das Hausmädchen der Familie drin untergebracht war – eine Vorstellung, die mich nicht losließ.

Auch der richtige Dachboden unseres Hauses wurde gern und häufig inspiziert, bald gemeinsam mit der Tochter der Nachbarin. Beatrix war zwei Jahre älter als ich, aufregend unternehmungslustig, und schaffte es, mich ein bisschen aus der Reserve zu locken.

Da oben zog es durch die Dachschindeln, und ein verstaubter Korbschaukelstuhl stand herum und forderte die Fantasie auf zu spielen. Durch das Dachfenster schaute man noch weiter als bei uns im Vierten, über die Laubengärten nach Süden hin auf den Fichtenberg mit seinem runden Wasserturm. Das Fernheizkraftwerk Lichterfelde-Süd gab es damals noch genau so wenig wie den Steglitzer Kreisel, man blickte also auf Dächer und freie Flächen und ahnte den Teltowkanal in der Ferne, so wie am anderen Ende des Daches den Grunewald.

Manchmal im Sommer roch es sogar nach Wasser, von der Havel her, von den Seen und Mooren. Man hörte das Kreischen der D-Züge in ihren Gleisen und das Aufheulen der Motoren von Autos, die nachts die Avus entlang rasten. Man verhielt sich einfach nur ganz leise und träumte sich weg in die Ferne.

Beatrix war mehr nach Rollenspielen zumute als nach Verharren und Träumen. Manchmal kommandierte man uns barsch zurück nach unten, wo es dann hieß, der Einfluss des Mädchens auf den kleinen braven Jungen sei wohl nicht der beste.

In diesem Alter tat ich noch gern, was ich sollte. Beim Friseur am Laubenheimer Platz, Salon Donath, konnte ich so lange still sitzen, dass der feminine Haarschneider in ein bewunderndes Kicksen ausbrach und laut fragte, warum denn nicht alle Kinder so sein könnten? Die Reaktionen der Mitkunden zeigten mir, dass sie froh waren über ihre eigenen, ungezogeneren Sprösslinge.

Natürlich war der Friseursalon ein Umschlagsplatz für Klatsch und Tratsch aus der Kolonie. Im Warteflur schwieg man, in dem großen Eckzimmer, in dem gewaschen, geschoren und unter den Hauben gewellt wurde, zog man dann platzübergreifend laut über gescheiterte Bekanntheiten her, besprach die Premieren und Festivals, bewunderte anwesende Elevinnen, die ihr erstes Bild im Programmheft herumzeigten. Ich saß als Mäuschen dabei und sog alles ein. Ich kannte die Namen Barlog, Wölffer und Spira von zu Hause, wusste, dass einige bekannte Theaterleute um die Ecke wohnten – so wie Frau Karin Evans in unserem Haus, zu der Großvater sich achtungsvoll distanziert verhielt. Während er die bejahrte grellgeschminkte Dame, die im Parterre rechts wohnte und offensichtlich einen Kontakt zu beleben versuchte, der wohl einmal in irgendeiner gemeinsamen Bühnenzeit bestanden hatte, brüsk abwies.

Ich liebte es, bei den Erwachsenengesprächen Mäuschen zu spielen. Wenn die verrentete Kollegenschar meiner Großeltern aufkreuzte, zugleich übermütig und verbittert, tarnte ich mich mit einem Spielzeug sitzend auf dem Teppich und tat beschäftigt. Ich durfte nur nicht auffällig lachen bei ihren Anekdoten über Dernierenstreiche oder den Wortwechseln, wann wer wo was gespielt hatte. Und wer (von den Abwesenden natürlich) wo mit wem was gehabt. Und wenn sie dann laut geworden vom Cognac und in richtiges Streiten ausgebrochen waren, musste ich leise verschwinden. Da wollte ich keiner Seite mehr Sympathien ausdrücken.

Nachkriegsleben in der Küko

Es wohnten nicht nur Künstler und Bühnenangestellte in der Kolonie. Die senatseigene Wohnungsgesellschaft GEHAG vermittelte freigewordene Wohnungen, wenn die GDBA keine Mieter gefunden hatte – eine Praxis, die bis heute gilt. In unserem Haus wohnte zum Beispiel unten parterre links das Ehepaar Rogge, die einen Elektrohandel betrieben und zeitweise ein Kellergelass als kleinen Verkaufsladen nutzten. Ihr Sohn wurde später ein bekannter Kinderpsychologe. Im ersten Stock dann Schneidermeister Killmann mit Frau, ein besonders herzliches, immer wie aus dem Ei gepelltes älteres Paar aus Augsburg. Im Dritten rechts Frau Metzner, eine schnodderige West-Berlinerin reinsten Wassers, stets auf dem Weg zum KaDeWe oder ins Café Kranzler, um Stunden später mit Einkaufstüten beladen zurück aus einem Taxi zu steigen. Bei dieser Dame kippte die Eleganz ins Karikaturhafte – und später, als sie die Achtzig hinter sich gelassen hatte, verlor sich ihr knorriger Mutterwitz in Alterswirrnis. Und direkt unter uns im dritten Stock Siemens-Direktor Gregor mit Familie – heutzutage würde sich keine Führungskraft mehr in solch einem normalen Mietshaus länger aufhalten als ein paar Stunden.

Was die Geselligkeiten betraf, hielt man sich zurück, aber die Mieter teilten sich ein paar Gemeinschaftseinrichtungen, über die man sich verständigen musste. Der ganze Block, neunzehn

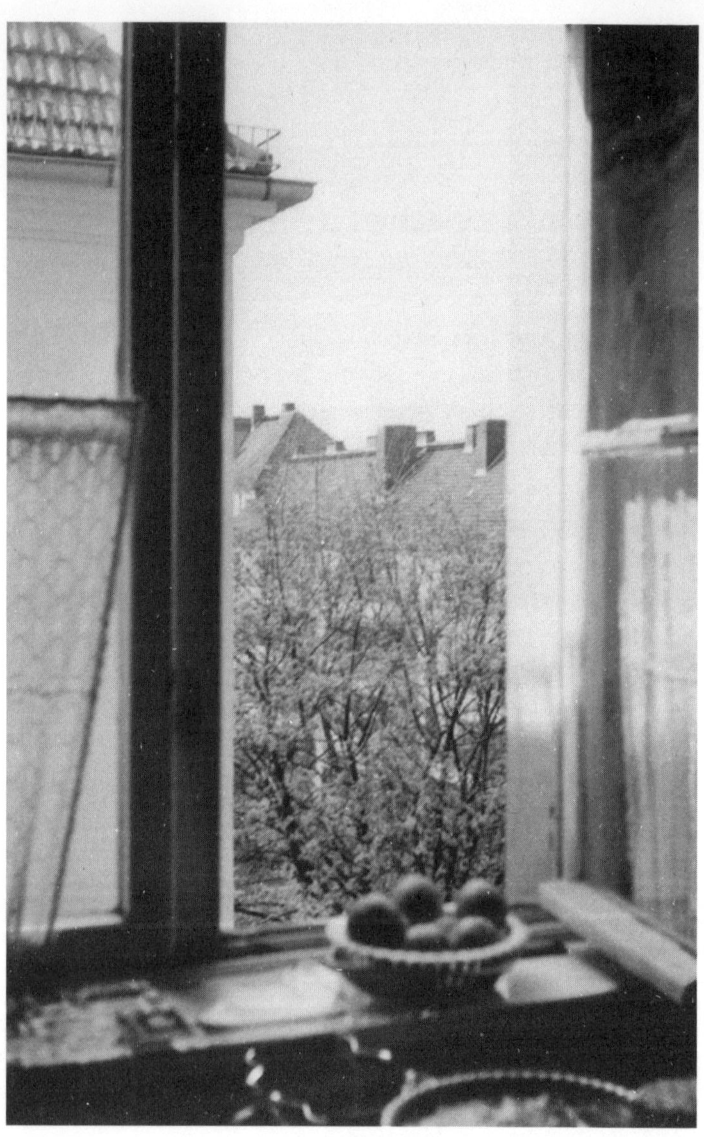

Hofblick

Häuser a zehn Wohnungen, wurde durch einen leistungsstarken zentralen Kohleofen beheizt, der in einem Arbeitskeller untergebracht und für die Lastwagen durch eine hohe Tordurchfahrt erreichbar war. Einmal pro Woche kullerten dort Tonnen Koks auf einer Rutsche donnernd nach unten. Es muss einen oder mehrere Heizer gegeben haben, ich erinnere mich an rußverschmierte Männer bei ihrer Mittagspause im Innenhof. Ab wann, wie lange und wie stark geheizt werden sollte, war ein Anlass zu beständiger Diskussion.

Einen Hausmeister gab es ebenfalls, er achtete unter anderem auf die Einhaltung der Teppichklopfzeiten bzw. der Mittagsruhe, die sich natürlich auch auf ein Spielverbot für uns Kinder bezog.

Es gab sogar einen auf die Wohnblöcke der Gartenstadt spezialisierten ausführenden Architekten, der bei der GEHAG angestellt war. Ich bilde mir ein, er hieß John. Ein hochgewachsener, langmantelig-ernster Herr, immer von einem Tross Handwerker umgeben, so zog er durch die Straßen und besprach die nötigen Reparaturen und Bauergänzungen. Meine Mutter pflegte einen besonderen Draht zu ihm.

Wir Kinder spielten in den Innenhöfen kaum. Dort war es langweilig, bei den zwei Müllhäuschen stank es, an den Teppichstangen durfte man nicht klettern, die Heizer und Handwerker scheuchten einen weiter, und wegen der vielen zum Hof gehenden Balkons kam man sich auch beobachtet vor. Laut sein ging schon gar nicht.

Zum Spielen bot sich der Laubenheimer Platz dagegen prima an. Noch spannender waren natürlich die Ruinenreste zur Schildhornstraße hin, die erst abgetragen wurden, als man die Schrebergartensiedlung beseitigte und Neubauten samt Sportplatz dort hinsetzte.

An der Sterilität der drei Innenhöfe der Künstlerkolonie hat sich bis heute nichts geändert. Von ihren Architekten einmal gedacht als Treffpunkte und grüne Lungen im Stein, bepflanzt mit Kastanie und Trauerweide und damit typisch für Architektur und Zeitgeist der Zwanziger, waren sie entworfen worden für Sport, Spiel, Entspannung. Man sollte denken, für künstlerisch veranlagte Menschen eine Wunschvorlage. Möglicherweise haben die ersten Mieter das Angebot ja auch genutzt – ein paar Berichte von Zeitzeugen klingen so. Seit den Fünfzigern aber nahm der Gebrauchswert dieser Höfe immer nur ab, und als sich einmal Mitte der Neunziger (wir waren gerade in die alte Wohnung eingezogen) tatsächlich ein paar junge Leute bei warmem Sommerwetter auf dem Innenrasen lagerten, gab es allen Ernstes anschließend einen Aushang der Hausverwaltung, man möge doch bitte die Mittagsruhe einhalten.

In den Fünfzigern, als ich klein war, bewegte man sich zeitgeistig und in der Mode vom Kollektiven der Vorkriegszeit weg. Es wurde modern, sich zu vereinzeln. Staubsauger anstatt Teppichklopfer, individuelle Wärmequelle anstatt Kollektivheizung, Fernseher anstatt Theater, Waschmaschine in der Küche statt der Gemeinschaftswaschküche – so ging der Trend.

Die Gemeinschaftswaschküche gab es tatsächlich, sie befand sich in unserem Block im Keller der Bonner Straße Nummer 1a. Man musste sich zur Benutzung anmelden, bekam vom Hausmeister einen Schlüssel und hatte dann 24 Stunden die riesigen Waschgerätschaften zur freien Verfügung. Obwohl ich meiner Mutter gern half und eigentlich das Waschen und Mangeln dort in den feuchtwarmen Räumen aufregend fand, war es mir andererseits auch mordspeinlich, dass wir die Wäsche in Körben über die ganze Hoflänge schleppten, in monströse Waschautomaten steckten, vorher eingetauschte Coupons einwerfen mussten, später die nassen Plünnen auswrangen, zum Trocknen aufhängten, dann mangelten, die vollen Körbe wieder zurück und vier Stockwerke hoch schleppten – Mutter und ich. Den Eltern der meisten Schulkameraden, wie ich wusste, standen daheim diese neuen, bequemen kleinen Waschmaschinen zur Verfügung.

Mit den Jahren wurde es auch immer einfacher, einen Termin für die Waschküche zu bekommen, irgendwann schienen wir die einzigen zu sein, die sie nutzten – so arm waren wir also …

Und während ich mich dafür schrecklich schämte, sprang ich doch froh und aufgeregt die Treppen in dem fremden Haus runter, wenn ich am Waschtag von der Schule kam. Ich hatte alles Recht der Welt, mich dort auszukennen im Keller, sah die Mutter schon auf mich warten – es gab zu tun, zu erzählen und viel zu lachen, und die riesige Holzmangel mit ihrem Gepolter schlug mich jedes Mal in Bann. »Darf ich nochmal?« – immer wieder setzte ich das Ungetüm in Bewegung und stellte mir vor, die ungebügelten Kleidungsstücke, die dort gerollt und gepresst wurden, wären Menschen – sogar ich selbst …

Nicht nur eine Waschmaschine fehlte unserem Haushalt, auch der Fernseher. Immer hieß es, so etwas bräuchten *wir* nicht, lieber gingen *wir* in Konzerte und Theater, besuchten sonntags einen Gottesdienst und über die Woche Vorträge in der Urania. Man bekam auch gern Besuch und schaute bei Freunden vorbei – wobei sich die Freundeskreise der Eltern und Großeltern nicht überschnitten, sich nicht mal recht grün waren.

Erst viel später, kurz vor dem Abitur, schaffte ich mir selbst einen Fernseher an. Seitdem hatte ich die Eltern als treue Zuschauer fast täglich in meinem Zimmer.

Im elterlichen Freundeskreis wurde in den frühen Jahren begeistert politisiert – wonach die politische Lage West-Berlins natürlich geradezu verlangte, man fühlte sich hier ja automatisch zugleich bedroht und bevorzugt, auf jeden Fall wichtig, man war an einem Schaltpunkt der Welt zu Hause. Der Freien Welt.

Die Abgesandten dieser Freien Welt brausten immerzu über uns weg, alle zehn Minuten täglich und bis weit in die Nacht: Flugzeuge auf dem Weg zum Flughafen Tempelhof und wieder von dort zurück, in alle Himmelsrichtungen. Unsere Siedlung lag genau in der Flugschneise. Als Kind war ich fest davon überzeugt, dass kein Flugzeug je über uns abstürzen würde. Heute staune ich, dass es wirklich so war. Ich kenne niemanden, der sich in unseren ersten Jahren in der Küko ernsthaft über den Fluglärm beschwert hätte – zu nah war die Glückserfahrung von '48, wo die Alliierten die sowjetische Blockade West-Berlins durchbrochen hatten mit ihren *Rosinenbombern*.

Wenn sich der Freundeskreis meiner Eltern bei uns in der Wohnung traf, befanden sich folgende Leute darunter: zwei einfache Bibliothekarinnen, nämlich meine intuitive Mutter und meine exzentrische Patentante Voss, eine *technische Kraft* (das bodenständige »Fräulein Neumann« oder »Neumännchen« genannt und nie bei ihrem Vornamen Hilde), und drei ehrgeizige Bibliotheksräte (d.h. Bezirksleiter) – von denen einer, mein Vater, ein gelehrter akademischer Studienabbrecher war und die beiden anderen, zehn Jahre jünger, als Nachkriegsaufsteiger aus dem Handwerkermilieu, also mit *Notabitur* in den Beruf gefunden hatten –, dazu kamen noch die berufslosen Ehefrauen der beiden anderen Männer. Zu- und Abneigungen, Konflikte und Koalitionen waren vorgezeichnet, die Gespräche auf lange Sicht für alle bereichernd.

Für meine Großeltern war dieser junge Kreis zu wenig kulturorientiert, sie hätten vielleicht »zu amerikanisch« dazu gesagt. Natürlich war die Teilung Berlins so verlaufen, dass Westbürger, zu denen auch die Großeltern gehörten, Amerika als die große Helfernation und den engsten Freund empfinden mussten. Weshalb mein Opa sich 1959, während er eine Rede des Sowjetführers Nikita Chruschtschow vor der UN-Vollversammlung im Radio hörte, so aufregte, dass er einen Herzanfall bekam und starb. Aber der *American Way of Life* erreichte die Bevölkerung doch mit verschiedener Intensität. Richtig modern und amerikanisch empfanden wahrscheinlich nur wir Jüngsten. Wir waren die treuesten Verbündeten.

Ich erinnere mich aber, wie entzückt meine Mutter von einem jungen amerikanischen Professor erzählte, den sie bei einem Adventsbasar traf. Er reiste allein, von Lehrstuhl zu Lehrstuhl jahresweise die Kontinente wechselnd, und wusch sich sogar seine Hemden selbst. »Er nimmt Nylonhemden, die lässt er austropfen und zieht sie trocken wieder an«, staunte die angelernte Hausfrau und erkannte in dem Mann einfach einen verbündeten Berufstätigen. Einen, der wie sie den Bücherschatz der *Amerika-Gedenkbibliothek*, ihres Arbeitsplatzes, genießen konnte. Mein Vater sah das skeptischer. Er spottete auch über die Nachbarin Bergmann, die im Rektorat der Freien Universität arbeitete und uns manchmal mitnahm zu den Festakten dieses West-Berliner Prestigeobjekts – wie sie dort vom Geist der akademischen Freiheit schwärmten, von der Bedingungs- und Vorurteilslosigkeit wissenschaftlichen Forschens. Mein Vater glaubte den Phrasen nicht. Er hatte seine eigenen Erfahrungen gemacht mit Wissenschaften, mit akademischer Lehre und Macht, nationalsozialistische Erfahrungen. Ich dagegen war tief beeindruckt – so wollte ich einmal werden, ein polyglotter freier wissenschaftlicher Geist.

Ich war auch begeistert von der schwarzen Offiziersfamilie in Lichterfelde, die dort kurz unsere Nachbarn gewesen waren:

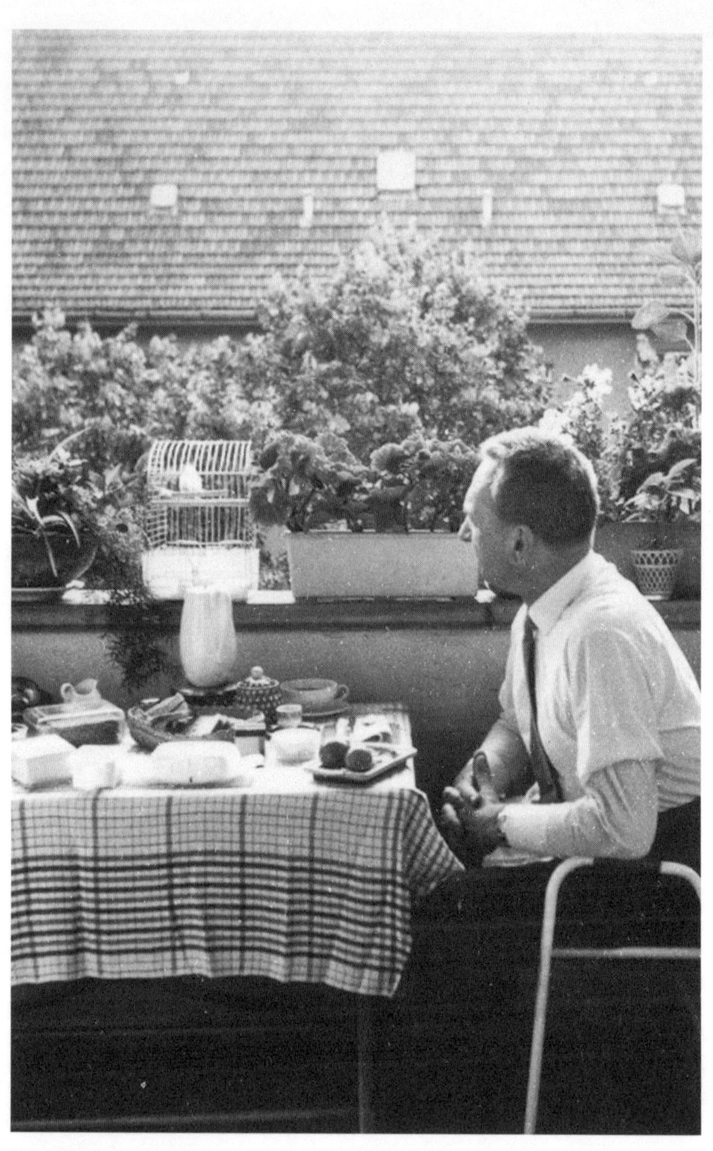

Die Loggia, um 1960

Nach dem Essen im lichtdurchfluteten Wohnzimmer der konfiszierten wilhelminischen Villa legten alle Familienmitglieder zum Entspannen die Füße (ohne Schuhe) auf den Tisch. Als ich das zu Haus nachmachte, fand überraschenderweise mein Großvater, entgegen den erzieherischen Verweisen aller anderen Anwesenden, warme Worte für die »Neger nebenan« und für mich als ihren Fan: Natur sucht Natur.

Den Großvater besuchte auch einmal unerwartet mit Riesenlimousine ein amerikanischer Komponist, Frederic Loewe. In den Zwanzigern war er als junger Musiker an einer der Bühnen, die der Opa leitete, beschäftigt gewesen. Für ihn war der berühmte Mann auch weiterhin »der Fritz«. Dieser rief jetzt ein imposantes, freundschaftliches »Hello!« in unsere bescheidene Hütte. Gerade studierte er sein Erfolgsmusical *My Fair Lady* am Theater des Westens in der Kantstraße ein. Oma, Opa und ich durften ein Weilchen mit dem Riesenauto des Meisters herumfahren, gelenkt von einem Chauffeur. Ob der schwarz war? In der Welt der Großeltern hätte es sich so gehört, aber ich weiß es nicht mehr.

Amerika war das Tolle, das die Klugen skeptisch sahen, doch wenn man zehn ist, will man in die Zeit passen und nicht klug neben ihr stehen. Ich mochte den Reklamesatz, mit dem die Fluggesellschaft Pan Am warb: *Time is Money*. Meine Mutter knirschte mit den Zähnen, wenn sie so etwas hörte. Ich mochte auch, dass der West-Berliner Bausenator Schwedler die Jugendstilverzierungen von den großen alten Häusern abschlagen ließ – nicht nur, weil sie durch Bombenschäden verunstaltet waren, sondern auch, weil die blanken klaren Fronten moderner wirkten. Amerikanischer. Meine Eltern empfanden das als eine Art Kulturschande, ich kleiner Roter Khmer beklatschte es. Ich mochte sogar den Ersatzbau des Architekten Eiermann zur Kaiser-Wilhelm-Gedächtniskirche am Breitscheidplatz – die hässliche Schmucklosigkeit sollte den demokratischen Neuanfang symbolisieren.

Amerika, das war Lässigkeit, Klarheit und Erfolg. Die Künstlerkolonie wirkte demgegenüber altbacken, schon die Art der Häuser weder Fisch noch Fleisch, nicht so richtig alt und gar nicht richtig modern. Man hörte hier die Leute von ihren Erinnerungen zehren oder Koloraturgesang üben und neue Rollen am offenen Fenster deklamieren. Geschäftsleute sah man weniger – es gab sie, aber nicht die Sorte, die sich auf dem Trottoir als Erfolgsmodell präsentiert. Der Liliputaner, der mit seiner asiatischen Frau, schmal und einen Meter größer als er, Tag für Tag um den Block marschierte – sie oft zwei Schritte hinter ihm –, der sollte ein gefragter Showman sein? War der also erfolgreich?

Man musste etwas genauer hinschauen in dieser Gegend, das hatte ich schnell gelernt. Es war hier nicht so, wie es in den Illustrierten stand oder im Fernsehen gezeigt wurde. »Das Leben kommt auf anderes an«, sagte meine Mutter gern, und ich verspottete sie für den Satz. Aber ich wusste auch, dass er stimmte.

Die rote Tintenburg

»An diesem Abend waren fast alle, die das neue Haus bewohnten, bei Trude versammelt. Sie hatten sich gefunden kraft einer Verwandtschaft des Geistes, die sie in die gleiche, schwer zu erlebende, leicht zu lebende Zeit stellte. Sie waren nicht viele, die ersten, denen das neue Haus Heimat und Familie ersetzen sollte, vorwiegend Frauen und die Männer so kindlich jung, dass sie sich mit den Frauen verständigten wie mit ihresgleichen und gemäß den besonderen Gesetzen ihrer neuen, unbedenklichen Kameradschaftlichkeit.«

So beschreibt die zweiunddreißigjährige Dinah Nelken in ihrem Roman *Eineinhalb-Zimmer-Wohnung* von 1933 den Wohnbeginn in der soeben fertiggestellten Künstlerkolonie. Es klingt nach Aufbruch und junger Bewusstheit, was die ersten Bewohner erfüllt und verbunden haben mag: Man wusste, man war ein bisschen anders als alle anderen drum herum, und der Stolz darauf blieb nicht aus. Die Gefahr, die das heraufbeschwor, auch nicht. Dinah Nelken veröffentlichte den Text seinerzeit unter ihrem Mädchennamen Bernhardine Schneider, um als Mitbewohnerin der Kolonie unerkannt zu bleiben – wohl weniger wegen der Nachbarn, mehr wegen der wachsenden Angriffe von SA-Trupps auf die Bewohner der Küko.

Ich hätte Dinah Nelken noch erleben und ansprechen können – sie emigrierte, zog aber in den fünfziger Jahren nach West-

Berlin zurück. Liebesromane, Betrachtungen, kabarettistische Texte und Lieder verfasste sie ein Leben lang verschwenderisch. Wir hätten vielleicht Gesprächsstoff gefunden. Sehe ich sie heute auf dem Foto als alte Frau, bilde ich mir ein, dieser Dame im Lebensmittelmarkt am Breitenbachplatz in einer Warteschlange manchmal begegnet zu sein. Sie engagierte sich mit knapp siebzig noch bei *Künstler für den Frieden*, spätestens da sahen wir uns wahrscheinlich. Ohne dass ich realisierte, dass sie einmal nur ein paar Haustüren entfernt von mir gewohnt hat ...

Auch um einen anderen Autor hätte ich mich bemühen können (und vielleicht sollen). Mein Doktorvater, Kafka-Spezialist Prof. Wilhelm Emrich, sagte manchmal wie nebenbei, außer Alfred Döblin, Hermann Broch, Thomas Mann und Hans Henny Jahnn gäbe es noch einen Meister des modernen deutschen Romans, unbekannt leider und ganz ungerecht schon zu Lebzeiten wieder vergessen: Martin Kessel. Und nicht einmal da, während ich diesen Namen in der Vorlesung flüchtig mitschrieb, um in der Bibliothek mal nach seinen Büchern zu schauen, falls Zeit blieb, wozu es nie kam, erkannte ich, dass der Mann direkt neben uns wohnte: Laubenheimer Straße Nummer 5.

Ein echter Außenseiter. Auch ein wenig verbittert davon. »Ich hätte nur tüchtig mitmachen müssen, für oder gegen Kulturtrubel Humanitätsphrasen dreschen, den ›Marxismus‹ entlarven oder die ›Freiheit‹. Auf den Schriftstellerkongressen eine Position beziehen, Krach schlagen, Fehden anfangen.« So grollte Kessel im Alter. »Ihr kommt zu spät«, soll er die jungen Leute angeraunzt haben, die ihn kurz vor seinem Tod für den Künstlerkolonie-Verein noch interviewen wollten, »jetzt sage ich nichts mehr!«

Sicher ein im Wesen von Frau Dinah Nelken sehr verschiedener Mensch – vermutlich kannten sie sich nicht und, falls doch,

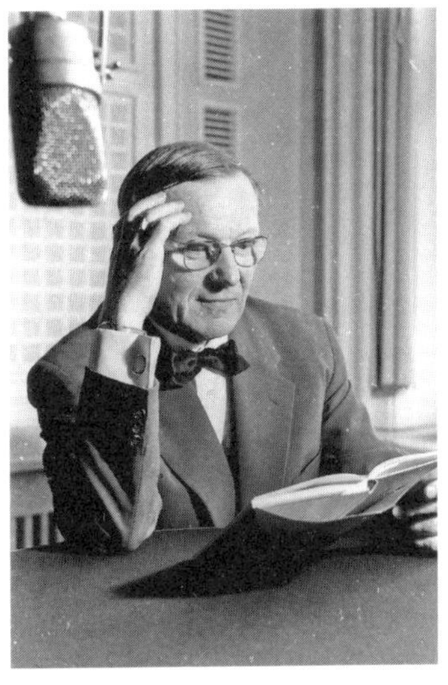

Martin Kessel, 1959

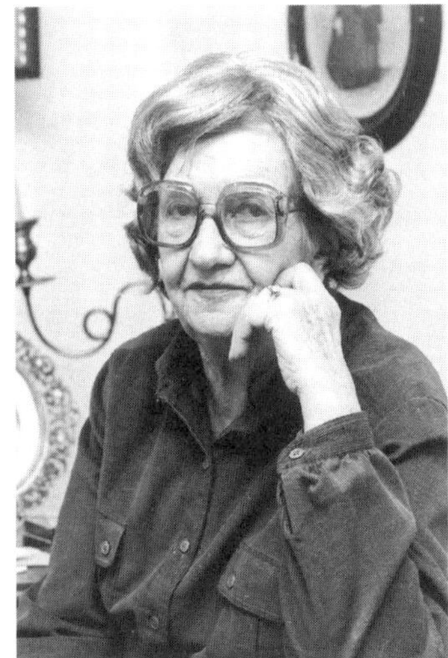

Dinah Nelken, 1988

mochten sie sich kaum. Auch diesen Romancier werde ich dann und wann im Lebensmittelmarkt am Breitenbachplatz getroffen haben.

Als ich klein war, lief in der Laubenheimer Straße oft ein komischer Herr mit seinem Pekinesen spazieren, und an Feiertagen band er dem winzigen Hund manchmal einen knallroten Luftballon um. Der Pekinese sah dann ausgesprochen gekränkt aus und versuchte, einigermaßen würdevoll damit klarzukommen. War Martin Kessel das Herrchen? Die paar Schriften, die ich von ihm kenne, sind nicht in dieser Art komisch. Aber boshaft genug schon.

Kessel wohnte an wechselnden Orten in der Küko, er emigrierte nicht. Das Haus Kreuznacher Straße Nummer 48, wo er anfangs lebte, wurde die *Stempelburg* genannt wegen der vielen

Arbeitslosen darin, SA-Trupps überfielen es mehrmals, ließen den Romancier aber ungeschoren. Später zog er in eine Anderthalb-Zimmer-Butze am Steinrückweg, wo er den Roman *Lydia Faude* schrieb, der in der Küko spielt. Den werde ich – es soll eine Belohnung sein! – lesen, sobald dieses Manuskript zu Ende geschrieben ist.

Ernst Bloch mit Frau Karola, Peter Huchel mit Familie, Alfred Kantorowicz, Erich Weinert, Johannes R. Becher, Walter Hasenclever, Gustav Regler, Arthur Koestler, Ernst Busch oder Hans Sahl – dies ist nur eine kleine Auswahl von heute klingenden Namen, die sich hier umeinander scharten bis ca. 1935. Bei den Theaterleuten erscheint die Auswahl noch glänzender: Rudolf Fernau, Lil Dagover, Henny Porten, Erik Ode, Hermine Körner, Klaus Kinski. Die meisten lebten hier vor ihrer Schleuderfahrt in die persönliche Erfolgskurve und dementsprechend noch bescheiden und mit den Literaten und Philosophen Anfang der Dreißiger noch dazu bedroht.

Man hat Dinah Nelken gefragt, warum sie aus ihrem *Anderthalb Zimmer ...*-Text keinen Schlüsselroman gestaltet habe? Ihre Antwort: »Wie sollte ich, die waren doch alle vollkommen unberühmt damals, warum soll man denn jemand verschlüsseln, den eh keiner kennt?«

Gustav Regler, Anfang der Dreißiger junger Autor und Organisator einer kommunistischen Zelle (nach dem Krieg dann übrigens einer der publizistisch wirksamen *Renegaten*, die sich vom Kommunismus lossagten), betont in seiner Autobiografie *Das Ohr des Malchus* die Mangelwirtschaft unter den Küko-Bewohnern: »Wir wohnten in einem Block, der mit Hilfe von Subventionen gebaut und nur für Künstler bestimmt war. Es waren billige Wohnungen, und doch bezahlte kaum einer seine Miete, weder die Gehälter noch die sogenannten Einkünfte der

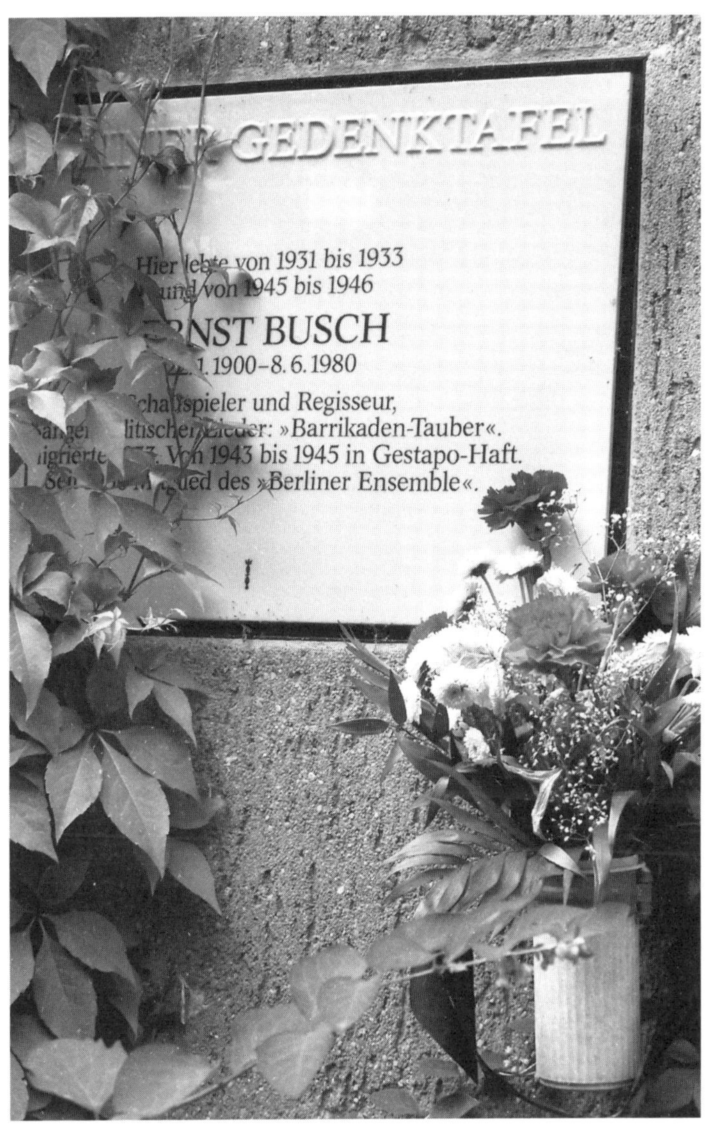

Gedenktafel für Ernst Busch am Haus Bonner Straße 11

freien Berufe reichten aus. In den meisten Behausungen lag nur eine Matratze am Boden. Die Künstler aßen von Seifenkisten, über die sie Zeitungen gebreitet hatten; keiner verhungerte, man half sich gegenseitig und wanderte von Wohnung zu Wohnung, man roch, wo einer Arbeit gehabt hatte und etwas Speck und Käse zu finden war.«

Walter Zadek, Onkel des Regisseurs Peter Zadek, linker Journalist – nebenbei einer der bestbezahlten am Ende der Weimarer Republik, der nach Palästina fliehen konnte und dort finanziell mühsam als Fotograf und Autor überlebte -, wurde als exponierter linker Jude schnell das Hassobjekt Nummer Eins der Terrortrupps. Er unterhielt eine Art Presseagentur am Laubenheimer Platz und schilderte später in einem Interview auf der Künstlerkolonie-Netzseite den Charme der improvisierten Feten, bei denen sich im Jahr 1932 Theatervolk und Schreiberlinge noch miteinander vergnügten, erfreuten – Martha Feuchtwanger ins Dauergespräch mit Joseph Roth versunken –, und man sich z. B. über das eben erschienene Buch *Volk ohne Raum* von Hans Grimm erregte, wie peinlich es sei und brachial – aber auf die leise Frage von Zadeks Freundin alle zugeben mussten, dass keiner es kannte. Man hätte noch '32 nie geglaubt, dass diese Nazis weit kommen würden, viele Nazis selbst hätten nur auf den nächsten Tag hin gedacht, so Zadek – und was begriff man, über den eigenen Tellerrand hinaus? »Jeder Mensch verkehrt mit den Leuten, zu denen er Sympathien hat, und mit den anderen verkehrt er eben nicht, und da weiß er aber auch nichts davon.« Parallelen zu heute (den Sarrazin-Elaboraten, zu Pegida und AfD) kann ziehen, wer mag.

Am 15. März 1933 kam es dann nach vielen Provokationen zum herbesten Angriff der jetzt triumphierenden Faschisten. Mit Leitern drang die SA (als *Schutzpolizei* ausgegeben) in die

Wohnung Zadeks und andere Wohnungen ein. Hier die Darstellung des Hergangs im *Völkischen Beobachter*:

»Heute vormittag wurde durch eine Bereitschaft Schutzpolizei unter Führung von Oberleutnant Olze der große Block am Südwestkorso in Wilmersdorf, der den schönen Namen ›Künstlerkolonie‹ führt, abgeriegelt und durchsucht. Dieser Gebäudekomplex beherbergte seit seinem Bestehen eine Auslese übelster Intellektueller und Kommune-Blutredner, die dort in luxuriösen Wohnungen, im Schutze eisenbeschlagener Türen, ihre Haßgesänge gegen das erwachende Deutschland verfaßten. Die Durchsuchung ergab eine Fülle von verbotenen Schriften. Anderthalb Lastkraftwagen konnten gefüllt werden. Dazu fand man mehrere Waschkörbe voll Schußwaffen mit der nötigen Munition; die Durchsuchung dauerte fünf Stunden und wurde bis ins kleinste ausgeführt. Man fand auch im stillen Kämmerlein versteckt einige ganz ›prominente Führer‹ der Kommune vor. Der ›edle‹ Dichter Peter Martin Lampel wurde geschnappt und der berüchtigte Redakteur Zadek wurde in seinem Wirkungskreis aufgestöbert.

Er arbeitete seit Jahren unter dem Decknamen ›Zentralredaktion für deutsche Zeitungen‹ und überschwemmte mit seinen Kunstprodukten, die ihm teilweise Genossen aus den Nebenhäusern besorgten, die bürgerlichen Blätter der Provinz, die diese Artikel oftmals abdruckten, ohne nur im geringsten zu ahnen, daß der Jude Zadek (auf hebräisch: der Gerechte!) in jedem Wahlkampfe zwei große Sowjetfahnen aus den Fensters seines Büros hing. Allein die Sichtung des Materials aus dieser jüdischen Redaktion wird zahlreiche Beamte der Politischen Polizei für Tage beschäftigen.

Entkommen konnte leider der berüchtigte ›Schriftsteller‹ und im Nebenberuf als Feld-Wald- und Wiesenredner tätige

Jude Weinert, ferner die Genossen Altmann und Buchmann. Jedoch ist die Polizei mit ihrem Fang außerordentlich zufrieden.

Es hat sich so mancher Wachtmeister über diese ›Führer‹ der Kommune gewundert, die in ihren Schandblättern von Hunger, Hinterhäusern und sozialem Elend schrieben, während sie in Neubauten am Südwestkorso in pompösen Wohnungen praßten und schlemmten. Die vielen Kognak- und Sektflaschen, die in den Speisekammern zu sehen sind, legen Zeugnis dafür ab. So saßen diese roten Bluthunde in Sicherheit und Wohlleben und putschten ihre armen verhetzten Opfer in den Kolonien am Felseneck und in den verfallenen Wohnvierteln des Ostens und Nordens auf.

Nun ist ein Ende gemacht worden mit ihnen – die schönen Tage sind vorbei. Beim Abmarsch der Bereitschaft sangen die Polizeibeamten mit erhobener Rechten das Horst-Wessel-Lied.«

Ich versuche mir manchmal vorzustellen, wie es im Übergang gewesen ist. Eben noch Massenstreiks, Solidaritätserfahrung, offene Experimente an Bühnen, im Schneideraum, Geldmangel, aber Projekthunger bei den Verlagslektoren – dann erste Einschnitte, gleichgeschaltete Institutionen, der Reichstagsbrand, Verbote. Nach der *Machtergreifung* muss das rasant, Schlag auf Schlag gekommen sein, diese Anpassung an den neuen Wind.

Stromlinienförmigkeit. Erst wird man sich privat noch entschuldigt, gespottet haben. Aber innerlich schon entschieden, ob man das mitmacht oder flieht. Ob man das aushalten kann oder abhauen muss. Ob man es wahrhaben will, dass Herkunft und Einstellung sich plötzlich zu Schicksalsfragen aufschwingen konnten.

Die meisten der heute Bekannten aus der Künstlerkolonie vor '33 emigrierten spätestens, als es nicht mehr nur zu Übergriffen, sondern zu Wohnungsverwüstungen in Anwesenheit und Zeugenschaft der Polizei kam, also zu echten Razzien. Widerrechtliche Verhaftungen – für die hier lebende Klientel ist jetzt jede Art von Bürgerlichkeit in Frage gestellt. Bloß weg. Wenige, die bleiben, verschreiben sich dem Widerstand. Hans Meyer-Hanno zum Beispiel, wohnhaft Laubenheimer Platz 2, ein Synchronsprecher, Bühnenbildner und Nebenrollen-Darsteller, der in unzähligen Filmen aus der NS-Zeit auftaucht, auch in Propagandaschinken. Er wagt ein Doppelleben, wird Teil der Widerstandsgruppe *Rote Kapelle*, entwirft, druckt und verteilt Flugblätter, kann bei einer Verhaftung seine Mitwisserschaft verwischen und landet *nur* für zweieinhalb Jahre im Zuchthaus. Ganz knapp vor Kriegsende wird er bei einem Fluchtversuch als Soldat erschossen.

Ihm und einigen anderen ist die Gedenktafel für den Widerstand gegen den NS-Terror am Ludwig-Barnay-Platz gewidmet.

Von Küko-Bewohnern wurden in den Kriegsjahren immer wieder Flüchtende, Juden und Widerständler in Bodenverschlägen und Kellergelassen versteckt. So George Kranz, mein fast gleichaltriger Musikerkollege, der wie ich hier seine Kindheit verbracht hat und dem damals davon erzählt worden war. Er hat als Junge einige dieser Verstecke gefunden. Ich war wohl zu verträumt dazu.

Auch die Nachbarstochter Beatrix, jetzt Psychologin am Bodensee, berichtete in einem Telefonat, dass ihr Vater, der Kulturmanager Karl-Hans Bergmann, Kommunist und 1938 aus einem KZ entlassen, mit seiner Frau in der Küko quasi untertauchen und während des Krieges eine Weile bei wechselnden Freunden und Sympathisanten Quartier finden konnte. Später war er Mitgründer der DEFA, distanzierte sich aber schnell von der sowjetisch regulierten Kulturpolitik und wurde Direktor der Freien

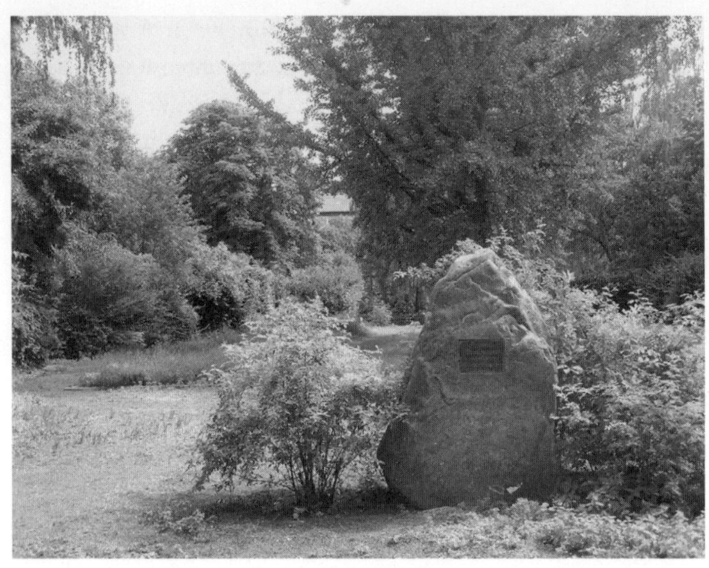

Findling als Gedenkstein am Ludwig-Barnay-Platz

Volksbühne West-Berlins – dann schon von Frau und Tochter getrennt. Die manchmal im großen schwarzen Auto vom Vater abgeholt wurde.

Hans Meyer-Hannos künstlerische Heimat war das Schiller-Theater, das seit 1938 von Heinrich George (dem Vater von Götz) geleitet, 1943 zerbombt, nach dem Krieg neu gebaut und als das wichtigste West-Berliner Schauspielhaus 1951 wiedereröffnet wurde, jetzt mit Boleslaw Barlog als Intendanten. Der war nun wieder mit meinem Großvater gut bekannt. Von dem mutigen Widerständler Meyer-Hanno hörte ich schon als Junge, lange vor der Gedenksteineinweihung, und zwar vom Vater eines Schulfreundes, Herrn S., der am Schiller-Theater als Inspizient und Souffleur wirkte, in der Vorkriegszeit und danach.

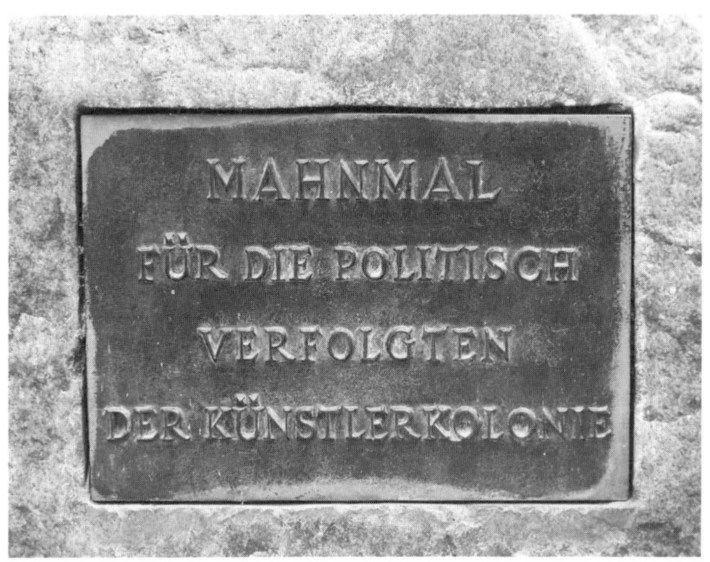

Gedenktafel am Findling

Herr S. war ein Faktotum, voller Schalkgeschichten von hinter der Bühne über Kulissenstreiche und dramatische Notsituationen, die sich im Komischen auflösen. Ein alter Berliner Recke mit trockenem Humor, hängenden kräftigen Schultern, vorgebeugt lässig dahinschleichend, stark – jemand, den alle Bühnenmenschen lieben, denn er verströmte Ruhe und Überlegenheit bei gleichzeitigem Respekt für die so viel bedeutendere Leistung der hektischen Nervenbündel um ihn herum. Einfach toll fanden ihn alle.

Gleichzeitig war er ein unerträglicher Haustyrann, der Frau und Kind das Leben gezielt verleidete. Zu mir war er oft in Herabsetzung des eigenen Sohns so übertrieben nett, dass es schmerzhaft war.

Hätte Herr S. auch dann in so hohen Tönen vom Nebenrollenkönig Meyer-Hanno gesprochen, wenn die Geschichte anders verlaufen wäre? Natürlich nicht. Er hätte die gleichen Witze mit anderer Färbung erzählt und mit gleicher Freude andere Freunde gewonnen.

Auch von diesem Schlag lebten viele in der Künstlerkolonie. Auf dem Laubenheimer Platz wehten seit 1933 an den Festtagen Hakenkreuzfahnen, es gab wohl auch Hausbücher und Blockwarte für die Anlage. Trotzdem halfen einige der Unauffälligen den Verfolgten, während andere bestimmt gleich ungefragt zur Stelle waren, wenn das ewige Mantra vom Zwang wiederholt werden musste: Was hätten wir denn auch groß machen können?

»Wess' Brot ich ess, dess' Lied ich sing.«

Zum Beispiel Fritz Genschow, Filmemacher, Schauspieler und Kindertheaterleiter. Ein schillernder Mann. 1930 führte er in seinem Theater das Stück *Revolte im Erziehungshaus* des von den Nazis gehassten Peter Martin Lampel auf. Ein paar Jahre später, nach der *Machtergreifung*, drehte er eine Rotkäppchen-Adaption, in der der rettende *Onkel Jäger* mit Reichsadler und Hakenkreuz geschmückt herbeikommt, mit glattem Schuss den Wolf erledigt und Großmutter und Enkelin aus dessen nichtarischem Bauch befreit. Genschow, treuer Bewohner der Küko (erst Laubenheimer Platz 10, dann Laubenheimer Straße 23), setzte nach Kriegsende nicht nur seine Karriere als Kinderfilmemacher fort, sondern wurde zur stadtbekannten Figur. Wir alle, jedes Kind, liebten den *Onkel Tobias* im Radio, der uns mit fröhlichem Team jeden Sonntag zwei Stunden bespaßte. Sachgeschichten, dramatisierte Märchen, Rätsel, kleine Krimis, Lieder und Spottreime: Man kam aus dem Staunen und Freuen nicht raus, der Mann verstand sein Handwerk, quengelnde Kinder ließen jeden Erwachsenen abblitzen, der sonntags mit ihnen

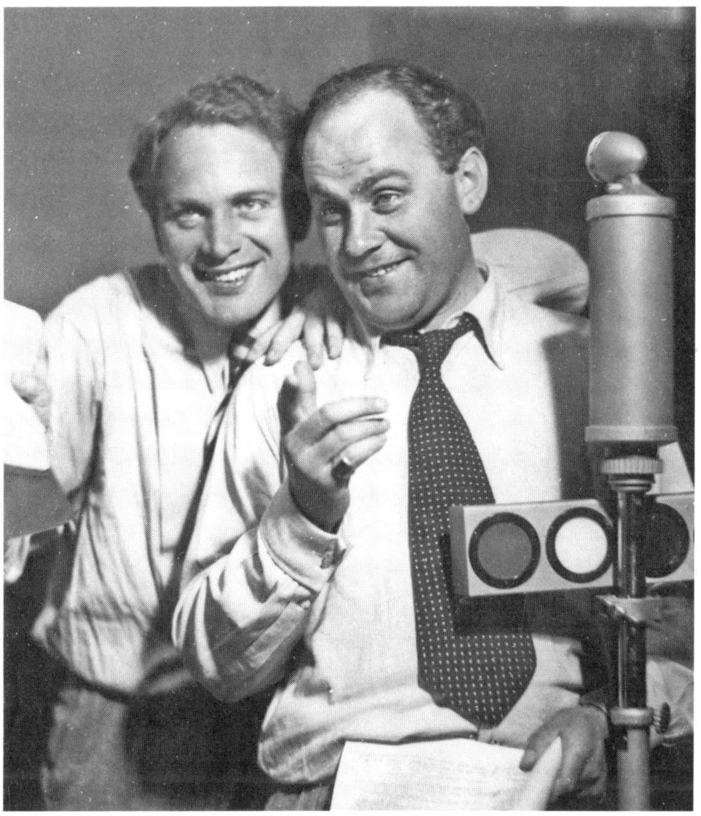

Fritz Genschow (links) mit Reinholt Berut bei Aufnahmen der Radiokomödie »Zille Martha« von Peter Huchel, 1937

zwischen zehn und zwölf etwas anderes plante als »Der Onkel Tobias vom Rias ist da« zu hören – eine Melodie, die noch heute sofort in mir aufklingt, wenn ich das niederschreibe.

»Da muss die Entnazifizierung dann wohl geklappt haben«, stellte mein Großvater trocken fest. Ansonsten versuchte er nicht, mir die Hörfreude zu verderben. Dafür sorgte schon einer seiner Kumpane, den wir manchmal zusammen besuchten, ein unterlegener Konkurrent von Genschow, auch Kindertheatermann, der an mir bei Keks und Limo gern seine Märchenumwandlungen und lustigen Verslein austestete. Ich hörte geduldig zu, aber – nö … der Onkel Tobias war besser.

»Kannste nüscht machen«, seufzten Großvater und Kumpan, »der Ami weiß eben, wen er sich holt.«

Die Tragweite dieses kleinen Satzes verstand ich damals nicht. Und auch, der das sagte, wird sie bei weitem nicht so gemeint haben, wie sie jetzt klingt.

Eine Zusammenballung großer Geister, man kann auch sagen, ein elitäres Moment hat es in der Künstlerkolonie nach 1945 nicht mehr gegeben. Nach wie vor lebten wie in jedem großstädtischen Wohnviertel die unterschiedlichsten Charaktere beieinander, und da es sich oft um künstlerisch Engagierte handelte, überlappten sich auch weiterhin einander sonst fremde ästhetische Sphären. Die Theatermanagerin Ada Tschechowa, Tochter der großen Olga und Mutter der ebenso großen Vera, unterhielt in den Sechzigern Büro und Schauspielschule in der Laubenheimer Straße, wo sie zum Beispiel Rex Gildo für seine Filmrollen trainierte. Sexy Rexy konnte also durchaus einmal im Blumenladen am Breitenbachplatz hinter Martin Kessel und vor Wolf Hoffmann, dem Professor für bildende Kunst aus unserem Haus, gestanden haben. Ich selbst mit sechzehn hätte mich für den Schlagersänger kaum interessiert. Eher für den Freund der Tochter der Managerin, Vadim Glowna, der garantiert auch manchmal durch unsere Straße getrudelt ist. Er würde einmal einer der Großen beim Film für mich sein, nur wusste ich das damals noch nicht.

Geistiger Anstoß und Initialzündung ging von den in der Küko Wohnenden seit den fünfziger Jahren manchmal noch aus, aber dort, wo man wohnte, suchte man Ruhe. Für George Tabori oder Martin Rickelt (den *Onkel Franz* aus der Lindenstraße) wird sich die Auseinandersetzung mit den Tagesthemen überall abgespielt haben, aber nicht unbedingt an ihrem Rückzugsort. Dietrich Lehmann, Gründungsmitglied vom Grips-Theater und großer Alter Mann in der *Linie Eins*, zog mit seiner Freundin Ingrid Pfeffer Anfang der Siebziger in die Wohnung direkt neben meine Eltern. »Besser, Sie sprechen ihn nicht an, er lebt ganz in seinen Rollen«, so erzählte meine gern etwas neugierige Mutter, habe Frau Pfeffer sie auf die Ruhebedürftigkeit ihres Freundes hingewiesen. Jahrelang nickte man sich eigentlich nur zu, es dauerte lange, bis wir zu einem freundlichen, hilfsbereiten, fast herzlichen Kontakt zueinander fanden.

Ein wenig Verruchtheit, eine gute Ladung von aktuellem Esprit, das gab es für mich in der Wohnung von Karin Evans und Professor Wolf Hoffmann. Sie waren kurz nach Kriegsende in die Laubenheimer 1 gezogen, hatten das Haus mit restauriert und dabei zwei Zimmer ihrer Wohneinheit zu einem riesigen Wohn-Schlaf-Atelier umgewandelt, das für mich sofort eine Pariser oder New Yorker Loft-Atmosphäre heraufbeschwor (die ich ja nur von Fotos her kannte), eine Weit- und Weltläufigkeit, die weder bei meinen Eltern noch den anderen Nachbarn zu finden war. Zu denen hielten Hoffmann-Evans auch kaum Kontakt, lieber luden sie die Jugend zu sich ein. Wenn sie überhaupt mal im Land waren, denn die Sommer wurden im Zweithaus im Tessin verbracht. Er Maler und Lehrer, sie eine Schauspielerin, deren Talente sich zu meiner Zeit schon mehr im Privaten auswirkten als auf den Bühnen, und von der Tilla Durieux einmal gesagt hat, sie sei richtig gut, aber habe nicht alle Tassen im Schrank. Was stimmte. Kettenraucherin, Yoga-Expertin, keifende Hausfrau, ungerechte Mutter und charmanteste Gastgeberin mit deutsch-englisch-südafrikanischen Wurzeln, die auch im Sprachklang ganz bewusst durchschlagen sollten, witzig, werbend und bösartig zugleich, eine im besten Sinne Gewesene, während ihr Mann, geduldig ihre Spitzen abfangend, ganz wie ein britischer Kolonialoffizier wirkte, langsam, übergroß gebeugt, mit plötzlich zusammenfassenden Sentenzen, die die berauschte Gesellschaft zum Schweigen brachten.

»Seit die Juden vertrieben wurden, geht es mit der deutschen Kultur bergab«, sagte Karin Evans gern, und irgendwie fasste das auch das kulturelle Leben in der Küko mit ein. Von hier kamen doch eher die Echos der Diskussionen, die die Stadt umtrieben – aber die Impulse?

Wer hat eigentlich in unserm Haus, der Laubenheimer 1 schon alles gewohnt? Neben den Erwähnten und den heute ansässigen Bewohnern u.a. der materialistische Ökonom Alfred Sohn-Rethel (durch dessen Schriften ich mich im zweiten Semester an der FU durchquälte) mit seiner Schwester, der Schauspielerin Lissy Steinrück, der Regisseur Heinz Hilpert, der Sänger und Schauspieler Woldemar Leippi, die Darstellerin Odette Orsy Bellmer (der mein Großvater immer auswich), und auch Trude Marlen, Filmschauspielerin, während der Nazizeit als »die deutsche Antwort auf Jean Harlow« gehandelt, glühende Hitler-Verehrerin, die am 20. April eifrig am Fenster die Hakenkreuzfahne entrollt haben soll – und nebenbei auch die Stiefmutter von Romy Schneider war.

Hat Romy Schneider etwa jemals unsere Wohnung betreten?

Als ich 1979 kurz zu meinen Eltern zurückgekehrt war und für ein paar Monate konzentriertes Schreiben mein altes Zimmer in Beschlag genommen hatte, sagte meine Mutter einmal beim Abendbrot: »Der Professor Hoffmann hat heut Nachmittag so ganz versunken am Fenster gestanden, ich hab's von der Straße her gesehen, so als würde er alles noch einmal betrachten und sich dabei verabschieden, irgendwie.«

Zwei Stunden später, so hörten wir am nächsten Tag, gab es einen Unfall an der Kreuzung Im Dol und Thielallee, einer verkehrstechnisch eigentlich vollkommen harmlosen Ecke, bei dem Wolf Hoffmanns Auto auf ein die Vorfahrtsstraße befahrendes aufprallte. Er war sofort tot.

Der vierte Wohnblock

Weil der vierte, anfangs mitgeplante Wohnblock der Küko nie zustande gekommen war, erst aus Geldmangel der GDBA, später aus Desinteresse der Nazi-Kulturorganisationen, wurden nach dem Krieg im Schnellverfahren drei einfache Wohnzeilen, ein sechsgeschossiges Hochhaus und eine Ladenzeile dazugebaut, ein *vierter Block*, der für unseren heutigen Geschmack billig wirkt. Übrigens von gleicher Art, wie sie der große Hans Scharoun, Architekt von Philharmonie und Staatsbibliothek und seinerzeit auch einmal kurz ein Bewohner der Küko, in Ostberlin zur Bebauung der Stalinallee vorgeschlagen hatte. Ebenfalls Anfang der Fünfziger, fünfstöckige sogenannte Laubenganggbauten, quer zur Straßenführung gezogen und in Grün gebettet, anti-monumental und natürlich gar nicht im Sinn der Parteiführer, die sich dann für die neoklassizistischen Entwürfe des Konkurrenten Henselmann entschieden.

Der Gartenstadt-Stil Scharouns wie der der namenlosen Architekten des vierten Küko-Blocks atmet den Geist der Zwanziger – mit dem Programm der Freisetzung der Bewohner aus großstädtischer Enge in eine gesunde Umgebung ohne Verzicht auf die urbane Kraft. Und weil Anfang der Fünfziger wahrscheinlich Geld, Zeit und Baumaterial für einen vierten Wohnblock im angestammten Küko-Stil fehlten, Wohnungsbedarf für Bühnentätige aber natürlich da war, lag es nahe und war auch

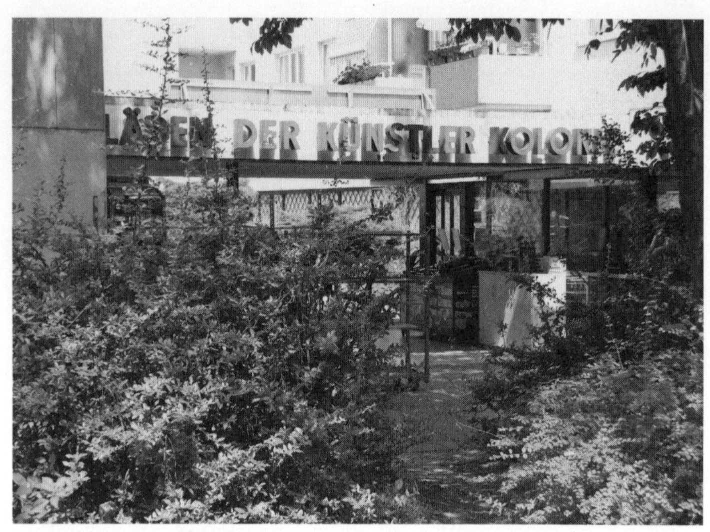

Inschrift an der Ladenzeile

stilistisch kein Fehlgriff, auf den zeitgleichen billigeren Baustil, die Bauhaus-Variante, zurückzugreifen. Einen richtigen, heute leider von vielen nicht mehr wahrgenommenen Triumph feierte dieser schmuckfreie Gartenstadt-Stil zur gleichen Zeit im *Neuen Hansaviertel* im Tiergarten, anlässlich der rund um den Hansaplatz stattfindenden Internationalen Bauausstellung 1957, an der die renommiertesten Architekten aus aller Welt teilnahmen.

Trotzdem, von heute aus gesehen und mit dem jetzt geltenden Geschmack wirken auch diese Häuserzeilen (und nicht nur die am Breitenbachplatz) ein wenig schäbig und mängelanfällig. Jedes neuere Sozialamt sieht ähnlich aus. Der Glanz, der ihnen die »Modernität« damals einbrachte, ist dem vergleichbar, den man in der Musik bei Karlheinz Stockhausen in den Fünfzigern noch mit dazuhörte, ehe Synthesizer und Computer als Massen-

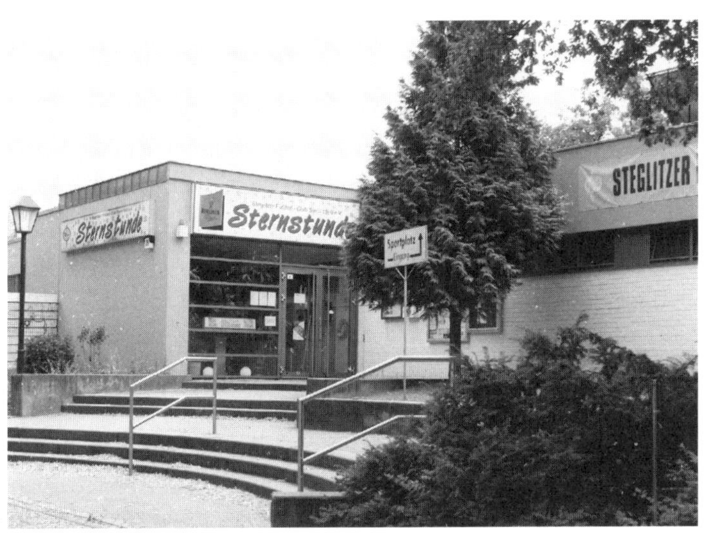

Kneipe Sternstunde an der Kreuznacher Straße

produkte jedem Hobbymusikanten das Collagieren von Klängen ermöglichten.

Wenn man also vom U-Bahnhof Breitenbachplatz über die Kreuznacher Straße in die Küko eintritt, empfängt einen zunächst einmal nüchterne Ärmlichkeit. »Läden der Künstlerkolonie« steht in einst strahlenden, dann zerbröselnden, jetzt in schwarz erneuerten Buchstaben am Flachdach der Ladenzeile. Fünf versetzt aneinandergereihte ebenerdige Betonschachteln beherbergen hier fünf Läden. Drei davon haben sich seit meiner Kindheit erhalten, der Radio-Fernsehfachhandel, das freundliche Blumengeschäft und das Reisebüro. Gegenüber war früher ein Reichelt, jetzt *Nah und gut*. Nebenan im Hochhaus unterhält die Berliner Sparkasse seit Jahrzehnten eine Filiale, einst ein Ort der Begegnung. Ein raumgreifender Kassierer, der in Körpergröße und Gewicht seinen Platz hinter dem Geldschalter ausfüllte, verstand es, unter den Aus- und Einzahlenden mit Schwung eine Art flüchtige Gemeinschaft herzustellen. Später wurde er von Anlageberatenden begrenzt, und mittlerweile hat das Institut wie alle Banken die Verdrängung ihrer Kundschaft ins Netz fast geschafft.

Parallel zur Ladenzeile spielt eine mosaikbeflasterte Freifläche mit der Möglichkeit von geselligem Leben. Zwei Holzbänke mit Lehnen stehen weit entfernt einander gegenüber, jeweils flankiert von Betonkübeln, in denen Koniferen grünen. Wenn es regnet, kann man unter die Überdachung zu den Läden flüchten. Diese Andeutung einer Agora ist vor allem ein Anbindepunkt für die Hunde und ein Ort, wo schreiende Babys in Kinderwägen auf einkaufende Eltern warten. Aber der Platz wird auch als Treffpunkt genutzt. Obdachlose bieten die Motz an und lassen sich von den Anwohnern gern in Gespräche verwickeln. Man hält die Einkaufstüte fest und plaudert, und wenn man Bekannte trifft, vergeht die Zeit wie im Fluge. Gemütlichkeit im Sinne der Küko – hier fand sich kein Ladenbetreiber zu irgendeiner Zeit bereit, etwas auszuschenken und Stühle und Tische nach draußen zu stellen. Hier steht man, wenn man sich trifft. Es gibt neben den sieben Geschäften am Eingang zur Kolonie auch keinen weiteren Laden und kein Lokal.

Das war schon immer so. Natürlich gab es bis in die Siebziger noch mehr kleine Einzelhändler in der Umgebung. Aber wie durch ein ungeschriebenes Gesetz geregelt, lagen ihre Läden immer auf den anderen Straßenseiten, nie in den Küko-Blocks – Ausnahme der Kiosk am Ludwig-Barnay-Platz, der Friseur und eine Zeitlang der Elektroladen von Familie Rogge. Es gab ein paar Jahrzehnte lang einen Bäcker, Rauenthaler/Ecke Laubenheimer Straße, der ein großer nachbarschaftlicher Treffpunkt war, den

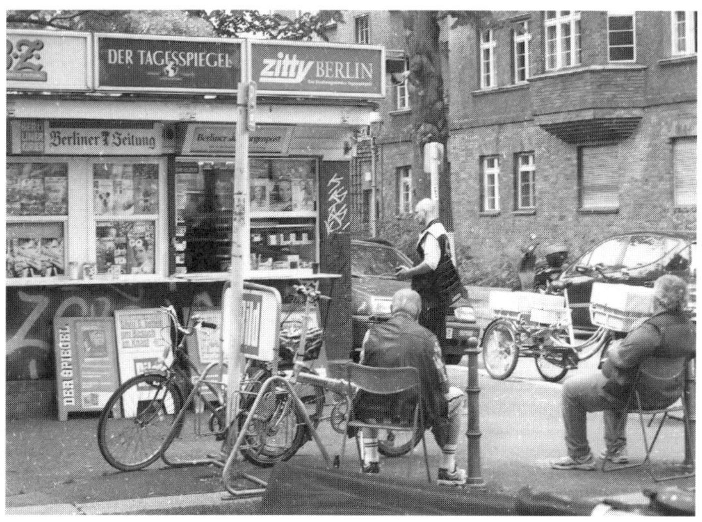

Kiosk am Ludwig-Barnay-Platz

Fleischer in der Laubenheimer und ein Obst/Gemüsegeschäft nebenan, alle drei gegenüber der Küko. Es gibt in der Kreuznacher Straße noch immer die Post, aber eben im *Postblock*, nicht in der Küko. Am Südwestkorso findet sich eine Tankstelle und daneben ein großer Kaiser‘s samt Ausschank-Bäckerei und Anschlagsbrett für nachbarschaftliche Mitteilungen – außerhalb des Küko-Geländes. Genauso wie die *Kneipe Sternstunde* am Sportplatz Kreuznacher Straße, Vereinslokal des Fußballclubs Stern 1900, sie bietet sich prima an für die regelmäßigen Treffs des Küko-Mietervereins und wird dementsprechend auch sonst von immer mehr Bewohnern aus den Blöcken genutzt.

Was also die Geselligkeit betrifft: Man lagert sie aus. Man will sie nicht in den eigenen vier Blöcken, da wohnt man schließlich. Lieber schlendert man ein paar Schritte, fußläufig in jeder

Richtung tobt oder räkelt es sich ja sowieso, schon nach zehn Minuten Flanierzeit, das sogenannte Leben!

Man kreuzt übrigens gleich drei Bezirksgrenzen, wenn man hier einen Spaziergang macht. Geht man von der Laubenheimer 1 nur die paar Schritte über die Kreuznacher Straße zum Sportplatz, ist man in Steglitz. Geht man nach links, die Kreuznacher lang, bis sie die Laubacher Straße kreuzt, beginnt Schöneberg, Ortsteil Friedenau. Und geht man rechts entlang, zu dem einst so harmonisch gestalteten, dann vom Schnellstraßenbau misshandelten Breitenbachplatz, hat man Zehlendorf erreicht. Da ist man quasi schon auf dem Weg nach Potsdam.

Nicht einmal die Bezirksreform hat diesen Grenzüberschreitungen etwas angehabt. Weil der Bezirk Wilmersdorf (jetzt Wilmersdorf-Charlottenburg) zum alliierten Kontrollbereich der Briten gehörte, Steglitz aber zu dem der USA, stellte ich mir nach dem 13. August ’61 eine Weile lang vor, der Kalte Krieg wäre zwischen Engländern und Amis ausgebrochen, und die Mauer stände direkt vor unserem Haus. Wir hätten das Grenzregime vom vierten Stock aus auskundschaften und Freunden zur Flucht verhelfen können. Nur von wo nach wo? Wollte man lieber aus dem britischen Bereich in den amerikanischen fliehen? Ich fand das ein bisschen wahrscheinlicher als umgekehrt. Aber irgendwie brach meine Spekulation an dieser Stelle jedes Mal zusammen. Warum sollte denn jemand ernsthaft vor den Engländern fliehen? Die hatten die Queen, die Kinks und die Beatles. Und Amerika hatte Elvis und Johnny Cash, kurz darauf auch Bob Dylan.

Wahrscheinlich wären wir als erstes sowieso entmietet worden und die Küko-Blocks verwaist im Falle des großen, außerhalb meiner Spielfantasie völlig unrealistischen »Wenn …«.

Was die *Five Eyes* sind, wusste ich damals nicht, genauso wenig, wie ich den Begriff Denkmalsschutz kannte. Denkmalsschutz verhindert auch ein bisschen, dass in der Küko urbanes geselliges Leben entsteht: Alles hat hier immer so zu bleiben, wie es am Anfang war, inklusive der Wandfarbe der Balkons und Loggien. Selten habe ich meine Mutter so fluchen hören wie an dem Tag, an dem man sie wissen ließ, der soeben eigenmächtig vorgenommene frische Anstrich unserer Loggia müsse in einem genau bestimmten matt-sandfarbenen Ton korrigiert werden, ansonsten drohe eine Vertragsstrafe. Auch ihr gutes Verhältnis zum Architekten John nutzte ihr da gar nichts.

Rund um den Rüdi

Was man städtisches Leben nennt, das war direkt um die Ecke, aber man musste sich hinbewegen.

Schon in meinen Kindheitstagen war die Steglitzer Schlossstraße eine große Einkaufszone – noch nicht die Shopping Mall von heute mit immer prekäreren Repräsentationsbauten, aber schon die Meile mit den Kaufhäusern und den wichtigen Fachhändlern, Anziehungspunkt für Flaneure, Schnäppchenjäger und uns Jugendliche – quirlendes Leben. Der Weg dorthin, die Viertelstunde zu Fuß durch die Markel- und Bornstraße war aber damals noch ein Marsch durch strenges Wohngebiet. Dann und wann ein Handwerkerladen, Tischler, Schneider, ein Fachgeschäft für orthopädisches Schuhwerk (das sich übrigens seit 83 Jahren hält), auch mal eine Eckkneipe – immerhin! –, wenn man aber dort nichts zu bestellen hatte, biss man die Zähne zusammen und lief zügigen Schritts zur Geschäftspromenade durch. Wie anders heute: Aus den Eckkneipen wurden Bistros, Galerien und Pizzerien locken, die kleinen CD-Händler der Zwischenzeit sind schon wieder moderneren Freizeitangeboten gewichen, Tätowierläden zum Beispiel oder dem Handel mit Hörgeräten, es liegen sogar zwei kleine Theater am Weg und ein renommierter Livemusikladen, das Irish Pub, und natürlich sitzt das Publikum, wann immer es irgendwie geht, in den Vorgärten der Geschäfte oder draußen auf den Trottoirs. Jetzt muss schon das Wetter streng sein, damit man dieses Steglitzer Wohngebiet nicht schlendernd durchquert, sondern so wie vor fünfzig Jahren als ein desinteressierter Passant. Es ist zum Vorort der Kaufmeile geworden.

Diese Verwandlung passt zu der weiteren, dass Mietwohnungen zu Wohneigentum umgewidmet werden. Ich weiß nicht, ob der Zusammenhang zufällig besteht oder ursächlich: Die Boulevardisierung einzelner Wohnviertel nimmt nach meiner Beobachtung zu, sobald sie parzelliert und in Einzelstückchen auf den Markt geworfen worden sind. So wie an unserer Steglitzer Nachbarschaft kann man es auch an der Entwicklung in Friedenau oder Wilmersdorf ablesen.

Am Rüdesheimer Platz zum Beispiel, dem großbürgerlichen Gegenpol zur Küko.

Die Häuser dort entstanden vor dem Ersten Weltkrieg und sind für Familien mit Kindern und Dienstboten zugeschnitten. Oft gab es hier vor der Parzellierung zwei Treppenaufgänge, den für die Bürger und den fürs Personal. Neun Zimmer waren normal. Ich habe solch eine Riesenwohnung bei Besuchen eines Grundschulfreundes noch erlebt und bin mit ihm durch die Flure getobt.

Auch die Siedlung um den Rüdesheimer Platz wurde am Übergang zur Moderne als Gartenstadt konzipiert. Wer es sich leisten konnte, bekam die Vorteile zu spüren. Der untere Stand durfte teilhaben, aber er musste sich eingliedern, für ihn war nicht extra gesorgt. Das Dienstmädchen hat hier vielleicht nicht mehr auf dem Hängeboden geschlafen, aber im Kämmerchen neben der Küche.

Die Fassaden dieser Häuser sind englischen Landsitzen nachempfunden, man steht also quasi vor einer Reihe von in die Höhe verlängerten schmucken Villen, die sich rund um den Platz gruppieren, von hohen Bäumen beschattet und mit hügeligen Vorgärtchen versehen. Unser heutiger Geschmack empfindet solch ein Ensemble als edel und wunderschön. Nicht zufällig rief Larry Hill, ein Musikerkollege aus Arizona, beim abendlichen Spaziergang rund um den Platz einmal begeistert aus: »That's democracy! Everybody lives one's own life, but at the same time they all live together and meet, whenever they want!«

An der Art der Wohnhäuser und an der prunkvollen Großzügigkeit der Anlage des Rüdesheimer Platzes kann man auch ein bisschen die Verachtung ablesen, die die Großbürger gegenüber den armen Künstlern empfunden haben werden, deren Wohnblocks zwei Jahrzehnte später auf dem Ackerland entstanden. Eine Verachtung mit schlechtem Gewissen gemischt, denn sicherlich bewunderten sie als Theater- und Konzertgänger den Koloraturgesang der Sopranistin und die kühne Regiearbeit des Theaterfachmanns, die dort drüben in den so viel bescheideneren Unterkünften lebten.

Mein Klavierlehrer Ludwig Schütze, der in der Ahrweiler Straße am Rand des Rüdesheimer Platzes zu Hause war, und zwar von Jugend an, seit den Zwanzigern, erzählte mir manchmal von der Zeit vor dem Bau der Gartenstadt am Südwestkorso. Da bildeten die vierstöckigen Stadthaus-Gebäude am Rüdi die Grenze der Urbanität, und jenseits davon gab es nur noch die Villen Grunewalds, rund um die Seen gruppiert. Dort zu siedeln bedeutete weiteren Aufstieg. Man gelangte dorthin auf bäuerlichen Wegen und wollte eigentlich nicht, dass diese Felder jetzt auch noch verbaut wurden. Schlimm genug, dass von Steglitz her schon die Postsiedlung in das Ackerland ragte mit ihren kleinbürgerlichen Kohlsuppenküchen. Jetzt würde also auch noch das Künstlervolk kommen – wer weiß denn, ob das Eigentum dann noch sicher ist …

Der Erfolgskomponist Eugene d'Albert, Verfasser einer Oper namens *Tiefland* und zeitweilig Anwohner am Rüdi, sei im schwarzen wallenden Mantel häufig auf den Landwegen lustgewandelt, habe im Gehen halblaut komponiert und den Jungs, die auf den Rübenäckern spielten, von dem Unheil der neugeplanten Siedlung erzählt, so mein Klavierlehrer. Für d'Albert zog mit den jungen Volksbühnen-Schauspielern und KP-nahen Schriftstellern eine gänzlich anders gepolte frische Kollegen-Generation in die unmittelbare Nähe. Ernst Busch hätte in *Tiefland* keine Rolle gefunden, jedenfalls nicht in seiner Gesangsmanier. Während Leni Riefenstahl die ganze NS-Zeit hindurch versuchte, genau diese Oper in einen eigenen Film, ihr Tiefland, zu transferieren. Die Nazi-Propagandajobs ließen ihr nicht die Zeit dazu.

Mein Klavierlehrer konfrontierte mich einmal mit dem Satz, die Menschen müssten sich mit dem »großen Nichts« abfinden, das fiele den meisten so schwer, nach dem Tod komme gar nichts, aber das zu begreifen weigerten sie sich aus Eitelkeit und Sentimentalität und genau das wäre der Motor der Religionen. Eine schockierende Sichtweise für einen dreizehnjährigen Sohn gläubiger Christen – und genau im richtigen Moment geäußert.

Der Klavierlehrer lebte mit Frau und Söhnen in einer kleinen Wohnung, hatte aber auch eine Geliebte, mit der er ganz offen über den Rüdi flanierte. Wenn ich mit anderen Jugendlichen nach dem Privatunterricht bei ihm dort herumhing und das untergehakte Pärchen sah, rief er mir ein »Die Welt ist klein, wie man sieht« rüber, und ich kam mir mit meinen Dreizehn dann mordserwachsen vor.

Schon damals war der Rüdesheimer Platz voller Geschäfte, aber außer in einem Balkanrestaurant, das bis heute existiert, und dem Weinhaus Habel wurde dort nichts ausgeschenkt. Es war noch nicht üblich geworden, im Sommer auf Bänken und

Stühlen dieses geflüsterte Volksfest zu feiern, das das abendliche Leben am Rüdi in den warmen Monaten seit mittlerweile zwei Jahrzehnten prägt. Damals, in den Sechzigern, waren die Blumenrabatten dort nicht auffälliger schmuckfroh als auf den anderen Plätzen der Gegend und das wilhelminisch-jugendstilistische Brunnenstandbild vom Vater Rhein mit seinen Töchtern (andere sagen, es stelle Siegfried den Helden dar) wirkte auf uns jungen Leute monströs. Der kindliche Teil von uns wollte immer auf den Steinen herumkraxeln und springen – ich hatte einige Male aufgeschlagene Knie davon –, aber der erwachsene Teil fand das albern und spuckte ordentlich aus vor dem Prunk. Spuckte und legte den Arm um die kurzfristig eroberte Freundin. Für mich war der Rüdi ein Ort der Sinnlichkeit viel mehr als *unser* Laubenheimer Platz oder auch als das strenge Gelände in Richtung Steglitz. In den Gebüschen wurden Zärtlichkeiten getauscht, man traf sich dort heimlich noch nach der elterlichen Polizeistunde, die damals normalerweise auf acht Uhr abends angesetzt war – jedenfalls für die Mädchen.

Ich weiß nicht, ob die ausladende Architektur des Gevierts zum pubertären Treiben beitrug. Jetzt jedenfalls scheint mir, ist gerade dieser Platz auf dem Weg in die politisch-soziale Korrektheit des Prenzlauer Bergs, wo die Mütter Schwule bitten, sich nicht vor den kleinen Kindern zu küssen. Das alte Schreibwarengeschäft und der noch ältere Portraitfotograf haben dichtgemacht, alles Skurrile verzog sich und wohlhabende Öffentlichkeit wurde hergestellt. Mit einem Schuhgeschäft, bei dessen Preisen ich nur den Kopf schüttele, einem Reformhaus, das einen Preis für Unfreundlichkeit gewinnen sollte, einer neueröffneten freundlichen Buchhandlung, einem türkischen, überquellenden Obstladen, Restaurants, Cafés. Und der zum Buchtausch umfunktionierten Telefonzelle. Kurz: Parzellierung und Parzellen-

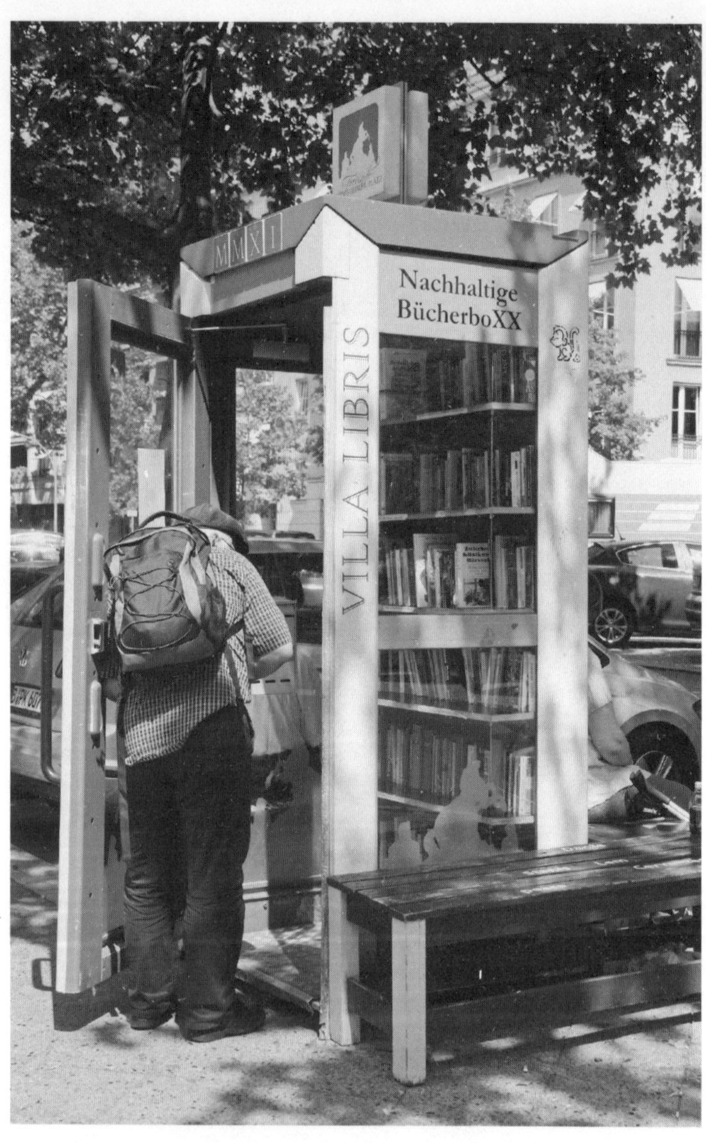

Zur Buchbox umfunktionierte Telefonzelle am Rüdi

verkauf haben diesen Platz gehoben und modernisiert. Viel mehr als unseren Ludwig-Barnay-Platz. Der mitten in der Beharrung geblieben ist, im Mietgebiet. Ungepflegt, rüde. Geschäftefrei. Ein Überbleibsel des sozialstaatlichen West-Berlins. Und deshalb mit seinem unübertroffenen Charme.

Mein Klavierlehrer wollte eigentlich Komponist werden. Aber er lehnte die angesagten Komponistenschulen des 20. Jahrhunderts ab, Hugo Wolf war für ihn das Äußerste an Modernität, Brahms und Bach die Vollender. Aus einem eleganten, fast verschwiegenen Trotz heraus zog er sich aufs Lehren zurück und brachte auch mir, als er merkte, wie übungsfaul ich in der Pubertät wurde, die Grundzüge des kompositorischen Handwerks bei, wofür ich ihm lebenslang danke. Herr Schütze wusste, dass man seine Haltung epigonal nennen konnte. Laut und ungewohnt höhnisch erzählte er mir einmal von der Frau eines Malers, die er bei seinen Spaziergängen im Viertel kennengelernt hatte. Sie hatte von der Kunst ihres Mannes geschwärmt: »Sie sagt, er malt wie Rembrandt. So gut wie Rembrandt«, rief Herr Schütze und klang plötzlich fast grob, »dabei ist Rembrandt seit Jahrhunderten tot. Das ist doch alles schon gemalt worden, so gut wie Rembrandt, nämlich von dem selbst.« Ich ahnte, dass er gerade ein wenig auch von sich selber sprach.

Diese Erinnerung hat mit meinem Heimatort jetzt weniger zu tun als mit der künstlerischen Heimat. Wenn man in einer Künstlerkolonie aufwächst, wird man über solche Dinge manchmal nachdenken wollen. Zumal, wenn man lebenslang auf eine Art musiziert, die die wirklichen, anerkannt *ernsten* Komponisten ganz durchgehend epigonal nennen. Wenn sie es überhaupt für Musik halten. Egal, ob sie jetzt hier in der Küko wohnen, in einem Lichtenberger Keller oder in einer Grunewald-Villa.

Jugendliches Umfeld

Wir Jugendlichen zogen durch die Straßen, wenn es dunkel wurde, und machten sie lebendig. In einem Lokal in der Laubacher Straße hatte ich Hausverbot – weiß nicht mehr warum, nur noch, dass wir dort gewöhnlich Dart spielten oder am Flipper standen bis in die tiefe Nacht hinein und Lagen von Bier mit Bols Blau in uns reinschütteten.

Manchmal hoben wir kleine, leichte Autos, die es damals gab, eine Isetta oder einen NSU Prinz, vorsichtig zu viert hoch und schleppten das Gefährt vom Parkplatz am Straßenrand zwischen die Büsche des Ludwig-Barnay-Platzes, von wo aus dem Besitzer am nächsten Morgen eine Geländefahrt zurück auf den festen Boden der Straße bevorstand.

Jahre vorher hatte mein Großvater am gleichen Ort seine sagenhaften Husten- und Würganfälle geschauspielert, um die Parkbank wieder leer zu bekommen von den alten Frauen, die sich gern zu ihm setzten, wenn er auf mich aufpasste.

Zur Zeit unserer Streiche hieß der Kioskbesitzer Herr Katzig, der hatte zwei Söhne, der jüngere war in meinem Alter und mit all den Wassern gewaschen, in die ich gerne manchmal wenigstens getaucht wäre. Er band den Hund eines unbekömmlichen Herrn, der sich dauernd über uns, den Bürgersteig nutzende Fahrräder oder im Park quengelnde Babys beschwerte, am starken Hauptast eines Baumes fest – griffhoch und so, dass dem

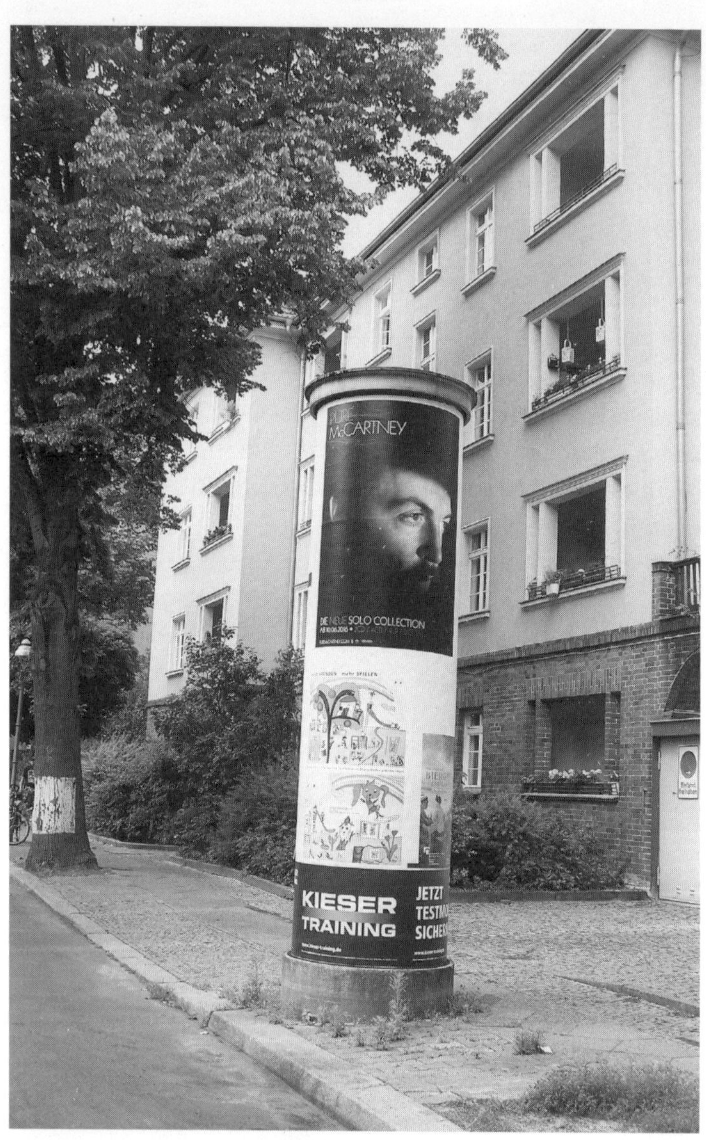

Anschlagsäule am Ludwig-Barnay-Platz

Tier nichts geschah. Nur das Lachen der Passanten war die Strafe für den Nörgler und sein Schreck.

Die Spannweite meines jugendlichen Lebens um 1966 herum reichte von solchen Cliquenstreichen bis zu den ernsten Referatsabenden mit älteren Freunden von der *evangelischen Jungenschaft* über die Wechselwirkungskraft von Aufklärung. Diese Älteren waren Gestalten aus dem Kreis der sich gerade bildenden APO, die wir bewunderten und von denen wir nebenbei auch das Kiffen lernten. Die Spannweite reichte vom Singen im Kirchenchor der Lindenkirche – erst Alt, dann Bass – über die Zaungast-Fanschaft zu einer Beatcombo, die die Dave Clark Five und Rolling Stones täuschend echt nachspielte und im Jugendheim an der Johannisberger Straße probte, bis zu einsamen Ausflügen zu den Konzertbühnen der musikalischen Avantgarde, wo die Elektroniker und die Aleatoriker sich in musikideologischen Kämpfen mit ihren Uraufführungen gegenseitig zu düpieren versuchten und der von allen geachtete Fachmann Dr. Wolfgang Burde das jeweilige Werk erläuterte und Hörhilfe bot, eh es im Konzertsaal erklang.

Als ich 17 war, geriet ich zufällig in eine Veranstaltungsreihe, die mich als Dauergast festhielt. In einer Seitenstraße beim Friedrich Wilhelm-Platz in Friedenau fand einmal wöchentlich eine Lesung im »Buchhändlerkeller« statt, getragen von einem Jungbuchhändler-Verein. Gemütlich, auf engstem Raum bei Bier, Schnaps und Crackern traf sich der Pulk von angesagten Jungschreibern und Schriftstellern mit Medienleuten, Buchhändlern, Multiplikatoren. Der rotgesichtige K. P. Herbach, seines Zeichen Gruppenleiter und später Pressereferent an der West-Berliner Akademie der Künste, hielt jedes Mal die einfühlsame Vorrede und dann las, wer diesmal geladen worden war: H. M. Enzensberger, Peter Weiß, Yaak Karsunke, Helmut

Heißenbüttel, Klaus Wagenbach, F. C. Delius oder Oswald Wiener – das ist der Vater von Sarah Wiener, dem ein faszinierendes, fast unlesbares Buch gelang, *Die Verbesserung von Mitteleuropa*. Neuerscheinung war Pflicht, Linkssein war selbstverständlich. Man orientierte sich noch tastend, die Dogmen winkten weit weg im Hintergrund.

Diese jungen Menschen, für mich natürlich bewundernswert älter und erfahrenerer, gingen von ihren Alltagserlebnissen aus, vom Ungenügen an der *Vergangenheitsbewältigung*, wie man das damals nannte, von der Verlogenheit der amerikanischen Politik in Südostasien, vom Missverhältnis zwischen erster und dritter Welt, auch von den Schieflagen in ihren Liebes- und Sexverhältnissen. Man war offen, aber noch vorsichtig. Man war noch kaum star-orientiert. Und ich war wahrscheinlich der Jüngste dort im Kreis, von ein paar Mädchen abgesehen, und ganz sicher der Schüchternste. Drei Jahre lang zog ich fast jeden Donnerstag zu den Lesetreffs, manchmal brachte ich Freunde mit, die es nie lange hielt, und kein einziges Mal wechselte ich mit irgendwem dort mehr als ein paar nichtssagende Worte. Schon gar nicht mit der knabenhaften, ebenfalls stillen, so versonnen nach innen lächelnden jungen Buchhändlerin, die meine Blicke doch sicher gespürt haben muss.

Hier passierte, was literarisch angesagt war. Um die Ecke, im Villen-Friedenau, hatte sich die ältere Schriftstellergeneration, die zitierfähige, niedergelassen: Günther Grass, Uwe Johnson, Max Frisch usw. Mit denen verband uns wenig. Weniger noch mit den Relikten aus der richtig alten Zeit, den paar Intellektuellen, die es weiter in der Küko aushielten. Was sie Ende der Sechziger ungerechterweise irgendwie in die *rechte Ecke* schob. Wobei sich keiner von uns damals klar machte, dass das heute Angesagte morgen das Abgestandene sein wird.

Man musste da einfach raus – und konnte jederzeit ja auch zurück, das war das Tolle – so etwa empfand es Günther, später Jim Rakete, gleicher Jahrgang wie ich und zwei Häuser neben meinem Klavierlehrer am Rüdesheimer Platz groß geworden. Wir lernten uns aber erst zehn Jahre später kennen, 1981 nämlich. Erkannten die gleichen Motive aneinander, die drohende Kleinbürgerlichkeit loszuwerden, ehe sie sich in so frühen Jahren schon in uns niederließ, während das Leben woanders spielte. Und bisher so wenig mit uns!

Bezeichnenderweise aber blieben wir, jeder für sich, doch meist am Ort, im überschaubaren, tiefgemütlichen, szenigen West-Berlin.

Wobei Rakete den schärfsten Blick auf die Zukunft besaß. Als wir einmal Anfang der Achtziger zusammenhockten, die Musiker von Spliff, ein paar andere Leute aus der *Fabrik* und ich, entzündete er ein Streichholz für seine Pfeife, hielt das Schächtelchen gegen das Licht, lächelte und sagte: »In einer Schachtel dieser Größe wird einmal Musik für zwei Monate Spielzeit gespeichert sein. Vielleicht schon in ein paar Jahren.« Ein Spinner ist er schon, der Jim, dachten wir.

Als ich von zu Hause auszog, 1972, standen ganz andere Dinge hoch im Kurs. Wo ich hingeriet, nach Kreuzberg 61 mit seinem WG-Umfeld, den aufkommenden Anarcho- und K-Gruppen, Wortführern wie Horst Mahler, Otto Schily oder Rüdiger Safranski, war Musik nur ein weiteres Werkzeug zur Agitation. Dort galt auch der Friedenauer Buchhändlerkeller schon als eine Spielart der etablierten, abgelegten, der *reaktionären* Kultur …

1979 wollte ich am Kiosk am Laubenheimer Platz mal eine Taz kaufen, die linke Tageszeitung war damals ca. ein Jahr am Markt. Der Nachfolger von Herrn Katzig, ein bärbeißiger, prolliger Kioskmann, raunzte mich an: »Sowas läuft hier nicht, in der Gegend, so'n linker Dreck …«

»Mensch, wo lebt ihr bloß«, fragte ich ehrlich empört die Eltern, »Künstler-Kolonie nennt sich sowas?«

Die Schule

Es gibt Menschen auf Dörfern, die verbringen ihr ganzes Leben im gleichen Haus. Manchmal kommt das auch in Städten vor. Dort hat man manchmal sogar das Privileg, Beruf und Privatleben in einem Labyrinth so zu verknüpfen, dass einem der geschlossene Lebenskreis immer vor Augen steht, vorausgesetzt, keine äußeren Katastrophen brechen ein, keine Flucht wird nötig. Amerikaner hatten lange dieses Privileg – ich habe von einer Musicalsängerin gelesen, die in New York Ende der Vierziger als Elevin in die Proben zu einem Broadway-Musical eintrat, das dann so erfolgreich wurde, dass sie vom jungen Ding über die Liebhaberin, die verheiratete Hausfrau bis hin zur Gouvernante und Oma alle verfügbaren Rollen darin spielen konnte und damit alt werden, ohne einmal die Produktion zu wechseln.

Meine Generation in Deutschland genießt den gleichen Vorzug. Nicht zufällig spielt mein Vorname auf den Wunsch nach *Menschenfrieden* an, meine Mutter wollte das so, und nur die Erschöpfung nach dem Zweiten Weltkrieg hat vielleicht in unserer Region eine Form von Vernunft hervorgebracht, die vor dem Spiel mit bewaffnetem Feuer zurückschreckte, siebzig Jahre lang. Jetzt sieht es so aus, als wäre der Frieden auch bei uns zu einem nicht zu verteidigenden Luxusgut geworden. Zu etwas Unvernünftigem.

Im Gegenteil auch ihn zu exportieren, anstatt immer nur Waffen, das erscheint jetzt einfach unmöglich – das Einfachste, das am schwersten gelingt.

Wir haben das ja gewusst. Meine, die Friedens-Generation hat unermütlich gewarnt, entlarvt und das Schlimmste befürchtet. Der Kapitalismus führt zum nächsten Weltkrieg, das war unsere Grundüberzeugung. In meinen Liedern von vor 35 Jahren steht die Katastrophe nebelhaft angedeutet andauernd vor der Tür. Und ich war noch milde im Apokalyptischen.

Erstaunlich nur, dass die damals Radikalsten, die den Gang der Geschichte so ganz genau voraussagten und alles besser wussten, heute oft die Bewahrendsten, auch die Besitzstandswahrendsten sind – was ja mittlerweile bedeutet, dass sie das Frieden gewöhnte Europa in die Starre einer Reichen-Kolonie versetzen möchten, es abschirmen gegen Eindringlinge wie gegen Entwicklungen. Aber trotzdem weiter die Waffen und den Dreck exportieren, der schließlich die Mehreinnahmen einbringt. Damit weiter Wohlstand herrscht. Wer würde sonst Herrn Safranskis Nietzsche-Exegese noch kaufen? Vor 45 Jahren empfahl er uns Kim Il Sung, wenn wir revolutionäre Germanisten sein wollten.

Gedanken beim Spazierengehen wandeln sich fließend, und ich weiß, dass sie manchmal nur Ausdruck eines nebelhaften Schuldgefühls sind, das vom einen Moment zum nächsten dem Glücksgefühl weichen kann. Der Dankbarkeit, so gut durchgekommen zu sein. Und wie angenehm es ist, ohne Angst durch eine schöne Allee zu schlendern, wie selten auf dieser Welt. So weit gekommen, wartet dann wieder normales Gleichmaß. Das man auch Abgebrühtheit nennen darf: »Nachkriegsidyll, Vorkriegsidyll: So what?«

So cool …

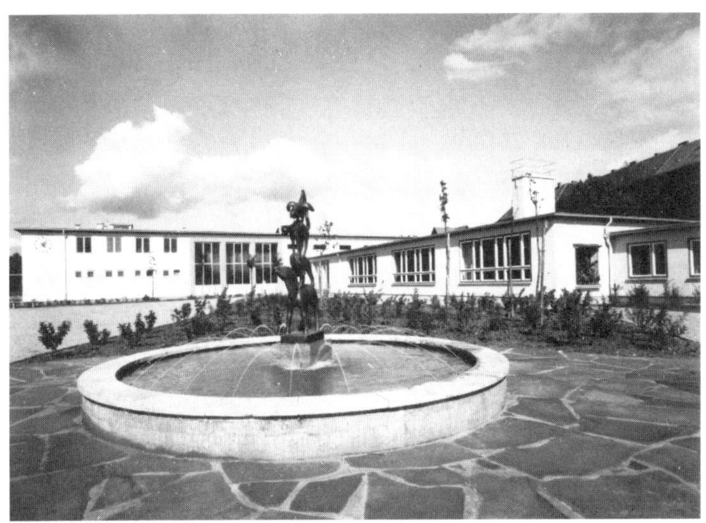

Die Grundschule in den 1960er-Jahren

Mit dem Glücksgefühl ist es übrigens schnell vorbei, wenn ich mich von der Haustür nach links wende, zum Südwestkorso gehe und mich dann plötzlich als kleines Kind wiederfinde auf seinem hastigen Lauf zur Schule. Sowas gibt's, wenn man Jahrzehnte am gleichen Ort lebt: Man ist dann zuweilen auf demselben Weg zu verschiedener Zeit unterwegs. Kleines Kind mit riesiger Schulangst im Bauch oder unausgeschlafener Vater, der sein eigenes, angstloseres Kind zur gleichen Schule bringt.

Es handelt sich um die Grundschule am Rüdesheimer Platz bzw. 4. Grundschule, wie sie anfangs hieß – eine Pavillonanlage, schlicht, weiträumig, in Grün gelagert, quer zur Laubenheimer, entlang der Rüdesheimer Straße gelegen und mittlerweile erweitert. In den fünfziger Jahren war das ein Neubau, von dem meine Mutter begeistert war, während die Großeltern ihn als zu lässig, zu sehr zerstreut für eine Schule fanden: wieder dieses Amerikanische. Der stellvertretende Direktor Bewer, ein drahtiger junger Mensch, schwang tatsächlich gern die *Stars and Stripes*-Flagge und sprach mit uns über »Freedom and Democracy«, während er uns zu Polonaise tanzenden Schlangen formierte und mit uns durch den Schlauch der kreisförmig angeordneten Gebäude zog, singend, skandierend – shoutend, wie man heute sagen würde. Seine Chefin, eine mollige Frau Schnee, war meist krankgeschrieben, und das Kollegium geriet in eine auch für uns Kinder spürbare Krise, als der charismatische Mann die Grundschule nach zwei Jahren verließ, um als Ko-Direktor das hochgeförderte zweisprachige Schulmodell der John F. Kennedy-Gesamtschule in Zehlendorf mit aufzubauen und zu führen. Das damals natürlich noch nicht so hieß, denn Kennedy war ja grad erst ins Amt gewählt.

An der braven 4. Grundschule sammelte sich an Lehrpersonal, was halt so da war, alt und neu, jung, verbraucht, ein Querschnitt von pädagogischer Kunst des Berliner Westens der Fünfziger. Bei mir war nur Schulangst da, unabhängig davon, wie modern oder altertümlich der Unterricht ablief. Als Erwachsenenkind waren Gleichaltrige für mich erst nur Schrecken. Ich heulte an der Hand der Mutter, und andere Kinder wichen uns aus. Erst meinten sie – ein paar zartfühlende oder sensationslüsterne Mädchen jedenfalls –, mir sei etwas Schlimmes passiert. Dann merkten sie, dass ich einfach eine Heulsuse war. Auf dem Rückweg hüpfte ich mit ihnen, da war ja alles mal wieder gut gegangen. So fand ich mich allmählich ein in den Trott und hatte vorsichtig Spaß. Ein zweiter Einzelgänger, ein Michael mit ähnlichem Heimweg zog mich in Rollenspiele. Wir beide konnten so selbstvergessen Chef und Arbeiter sein oder Kunde und Verkäufer oder Portier und Hotelgast oder Mann und Frau, dass die Stunden verflogen. Wir konnten uns auch so streiten, dass Tage aus zornigem Schweigen bestanden, aber auch diese Zeit war genießbar und machte mich mutiger. Weil ich die andern dann plötzlich brauchte.

Unsere Klassenlehrerin der ersten zwei Jahre: warmherzig. Diese junge Frau bekam später ein Kind von einem Schwarzafrikaner, was zu ausladendem Klatsch in dem von Lehrerinnen durchsetzten Kirchenchor führte, in dem ich mitsang.

Man war nicht so tolerant oder weltläufig damals in West-Berlin, wie man sich vorkam. Der Hugh Heffner des Kudamms hieß Rolf Eden. Man konnte das Polyglotte spielen, aber die Schatten der Vorzeit, des Menschenverheizens, Bombenterrors und autoritären Durchknallens von Befehlen war ja kaum mehr als zehn Jahre her. Der Horror aller Schwachen an unserer Schule hieß Meier, ein junger Sportlehrer, markant, gestählt, gut aussehend. Ganz der moderne Mann, gern mit Sonnenbrille lässig am Jackenrevers. Wie er anfeuerte am Bock, am Barren – »Spring, du Flasche, du Sack, jetzt spring!« –, wie er die Wasserscheuen am Beckenrand zu Boden brüllte und mit Spott überzog, das hat sich eingebrannt. Idealbesetzung für jede schwarzpädagogische Anstalt. Die Mädchen nahm er bei seinen Beschimpfungen übrigens aus in einer auf Verachtung beruhenden Milde, die gleichzeitig Rollenzuweisung bedeutete. Mädchen mussten dieses *Sport ist Kampf* nicht draufhaben, wenn sie sich fügten und anmutig ihrer Art nach bewegten. Ich beobachtete bei Schulveranstaltungen, wie der sich elegant ausstellende Mann die gleichaltrigen Kolleginnen dazu brachte, sich ihm mit den offenen Armen ihrer Freundlichkeit zu nähern, manche kokett genug, dass ihre Werbung dieses gewisse verschwörerische Schmunzeln der männlichen Kollegen auslöste, die damit ihre Bewunderung für den Konkurrenten ausdrückten.

Ich wusste das alles natürlich nicht, aber sah es.

Wenn gilt, dass man in der Schule fürs Leben lernt, dann hat die 4. Grundschule ihre Pflicht erfüllt – schon dadurch, dass ich ein Leben wollte, in dem Schmerzzufüger wie dieser sich keinen Millimeter ausbreiten durften. Geschafft. Eine Weile sah es sogar danach aus, als würde diese männliche Machart gesellschaftlich gekillt – eine der Illusionen meiner Generation.

Der Klassenlehrer, den wir in der vierten bis sechsten hatten, Herr Dümecke, schlug zu. Nicht bei allen. Er holte sich von den Eltern die Erlaubnis. Mich durfte er, wie die Mehrheit der Klasse, nicht anrühren – beim behütenden Mittelstand war die Körperstrafe seit dem Scheitern des Faschismus nicht mehr ganz so angesagt. Aber auch nicht verpönt. Die Empörung der Eltern über die Schläge war echt, aber hatte auch etwas Achselzuckendes und führte nicht dazu, die Misshandlungen des Lehrers abzuschalten. Er durfte sein eigener kleiner Herrscher bleiben. Begnadeter Fabulierer, der uns Zusammenhänge aus aller Welt herbeierzählte, fächerübergreifend, auch geduldig erklärend mit Witz, einer, der mit seinem dicken Bauch und dem von Alkohol geröteten Kopf, aus dem die laute, warme Stimme kollerte, nachhaltig verkörperte, was man *Die Allgemeinbildung* nennt. Den gesunden Menschenverstand. Nichts, was er nicht wusste bzw. wozu ihm nichts einfiel. Nichts, was er nicht auf seinem Niveau festgenagelt hätte. Nicht die Feuerwehr kam bei ihm zum Wohnungsbrand, sondern »ein Löschzug aus der Feuerwache«, sonst Ausdrucksfehler.

17. Juni und 20. Juli – die beiden politischen Selbstversicherungsfeste der jungen Republik – nahm er zum Anlass für eine Ansprache im Namen des gesamten Kollegiums gegen die zwei Diktaturen, die unser freiheitliches Gemeinwesen bedrohten, die eine schon überwunden, die andere noch der Feind. Weshalb es

sich zu opfern gelte für die Freiheit. »Ach, Sie machen das einfach so gut, Fritz«, seufzte die Erdkundelehrerin nachher, »ich könnte nie so frei sprechen wie Sie.« Womit sie das Manuskriptlose meinte.

Ich bewunderte den Mann und spielte ihn und seinen Unterricht zu Haus allein sogar nach. Dass er ein Bote der dunklen Regime war, von denen wir da manchmal gepredigt bekamen, empfand ich aber trotzdem.

Ich weiß, wie heftig die anderen Maßstäbe, nach denen ich mich als Kind oft sehnte, mittlerweile auf den heutigen Schulalltag einwirken. Angriffe auf die Autorität der Behörde sind alltäglich. Dass Eltern ihre Sprösslinge auf Gymnasialtypen, in bestimmte Stufen oder einfach nur eine Klasse höher einklagen würden, war in meiner Kindheit undenkbar. Die Vorwürfe schon gegen Vorschulpädagoginnen, sie sprächen ja Dialekt, gegen Cateringfirmen, sie nähmen das falsche Salz, gegen Fachlehrer, sie verträten ein fragwürdiges Weltbild – all diese Teilchen gehören zum Puzzlebild einer Hochleistungs-Lernmaschinerie, in die Kinder heute wie Investitionskapital geworfen und dann ihrer Ertragsbildung entgegen gebracht werden. Wobei sich verzweifelt an diese Maschinerie klammert, wer immer es sich leisten kann, um die Zugänge möglichst frei zu halten von den zwei innerstädtischen Horrordrohungen: immigrantischem Umfeld und bildungsfernen Schichten. Was für ein Heuchelwort: Es gibt also scheinbar Menschen, die halten sich von der Bildung fern, das ist das einzige, was sie von ihr halten, und zwar freiwillig, ganze Schichten von Menschen, die haben eben andere Präferenzen. Wir wollen sie mit dieser Bildungsmarotte dann mal bloß nicht weiter belasten, lasst sie dumm und arm bleiben, schließlich leben wir in einem freien Land. Jedem das Seine.

In meiner Kindheit, als die Schwarze Pädagogik langsam verebbte, war die Vorstellung populär, Kindern das nötige Wissen im Spiel beizubringen. Und zwar allen, nicht nur einer Elite. Die sechsklassige Grundschule, die Ganzheits-Methode, nach der wir schreiben und lesen lernten, das waren Signale eines Elans der modernen Vernunft. Die sich damals noch durchsetzen musste. Dass sie – ähnlich wie der Feminismus – nach ihrem Siegeszug in dumpfe und machtorientierte Borniertheit umschlagen würde, konnte man noch nicht wissen. Schüler- und Elternrecht standen sozusagen noch auf den Zehenspitzen, um einmal in die Machtzentren rein zu schielen, in denen sie jetzt fett und fest drinnen sitzen. Und was Fortschritt war, ist Beharrung geworden und wird bald Bremse sein.

Wandern muss er, der Fortschritt – in die Flüchtlingslager.

So weit gekommen auf meinem Weg, den Korso halb gekreuzt, wird mein Schritt plötzlich froh und leicht. Denn als ich hier als junger Vater – soweit man mit Mitte Vierzig noch jung sein kann – unsern Sohn zur Schule begleitete, nur in den ersten Monaten, er ging meist fröhlich mit und bald mit anderen, sodass ich umkehren konnte, wusste ich, dass er in gute Hände kam. Wir konnten ihn in eine Integrationsklasse einschulen, der Unterricht lief nach Montessori-Vorgaben ab, Lernen fand in Gruppen statt, thematisch orientiert, die Kinder sollten einander zuarbeiten, sich gegenseitig die Dinge erklären, nichts wegreißen, sondern ergänzen. Schreiben sollten sie, wie sie sprachen, wie's klang. Und die *Behinderten* waren extra betreut mit dabei. Mittendrin. Zwei voll engagierte Lehrerinnen, Frau Deppisch und Frau Haupt, entwarfen die Unterrichtspläne, führten sie durch bis zur Klasse Drei, dann kamen Frau Hippe und Herr Bergmann, ein wenig lässiger noch, aber auch sie voller Ideen und ihrerseits von der Klasse so angetan, dass sie den Pflichtfahrten noch eine freiwillige Reise in der Sechsten dazufügten.

Das alles fand an einer ganz normalen Grundschule des Senats von Berlin statt, ohne Schulgeld, Brimborium und Ausschluss von irgendwem. Der Bevölkerungsmix kam dem schulischen Lernen entgegen, zugegeben.

Nach der vierten Klasse gab es ein einziges Elternpaar, das seine Tochter von dieser Grundschule weg auf ein Elite-Gymnasium schaffte. Es vertrat die Ansicht, das Spiel-Lernen hier hätte doch mit der Wirklichkeit des Lebens nichts zu tun, und unser Sohn sagte achselzuckend: »Die xy is doch gar nicht so gut …« Alle anderen Eltern ließen ihre Kinder dort, wo sie sich wohl fühlten, blühten und neben so vielen Sachthemen und -fertigkeiten lernten, sozial zu handeln, miteinander klarzukommen, sich nicht vorzudrängen, aber auch nicht verschüchtert beiseite zu stehen. Dass es Gemeinschaften gibt. Dass man sich eine schaffen kann mit den anderen.

Glück gehabt. Auch, was den baulichen Verfall betraf, den jetzt offensichtlich alle senatsverwalteten Berliner Schulen erleiden. Der BER-Flughafen war in den Neunzigern noch in der Planung, es mussten noch nicht alle staatlichen Aufgaben totgespart werden.

Die Grundschule am Rüdesheimer Platz in den Neunzigern, das war Fortschritt. Ich weiß nicht, wie es heute dort aussieht – die damals jungen Lehrer/innen sind großenteils noch dabei, vielleicht halten sich Geist und Schwung. Wenn es aber vor zwanzig Jahren in der Zeit lag, so frei und sorgfältig, so bescheiden auch zu agieren, dann wird das heute auf Gegenwind stoßen. Die liebevollen, ausführlichen Beurteilungen der Kinder durch Frau Deppisch oder Herrn Bergmann lesen sich anders, wenn man mit den Augen eines auf Anhaltspunkte für Fehlverhalten

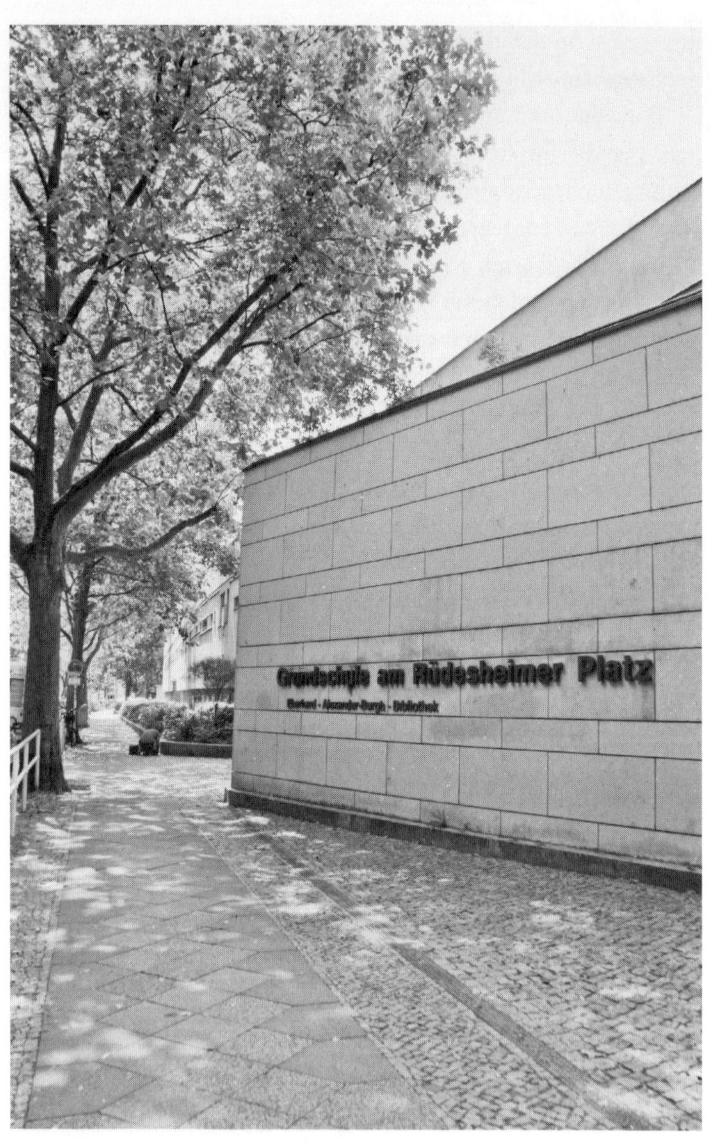

Teil des Schulgebäudes, 2016

abgerichteten Rechtsanwalts darauf schaut. Offenheit gelingt nur im Vertrauen.

Ich weiß, wie auch ich als alter Schulhasser anfangs auf Fehler lauerte. Ich ließ das beschämt schnell bleiben. Meine Spottlust bekam auf dem Gymnasium, auf das unser Sohn später ging, mehr Nahrung. Aber das liegt in Friedenau, und schon deshalb muss ich hier nichts darüber schreiben.

Nur noch über die kleinen behangenen Zwerge, die über Jahrzehnte weg den Zebrastreifen am Südwestkorso mit ihren Kellen flankieren, die Autos ausbremsen und den Gleichaltrigen ihren Weg weisen: Schülerlotsen. Ehrenamt aller Generationen. Ich war einer der frühesten, mit rot-weißer Plastikweste, die es in den Grundzügen immer noch gibt, sie stand damals steif und kalt und übel riechend vom Körper ab. Mittlerweile blinkt und funkelt es an ihr wie Weihnachtsschmuck durch die winterlich-grauen Morgen.

Selten genug stehe ich so früh auf, dass ich die kleinen Dotze mit ihren aufmerksamen Gesichtern noch mitkriege, wie sie die schweren Autos (und manchmal sogar die sich unzuständig stellenden Fahrradfahrer) zum Halten bringen, so ernst, so eifrig, und wenn sie älter sind, manchmal auch schon so verborgen gelangweilt. Und manchmal ist ein echter Polizist mit dabei, der die Ernsthaftigkeit dann immer noch ein wenig übertreibt, weil er fürchtet, dass sonst ein Chaos ausbricht. Das Winken mit dem Arm, das Anhalten und Zügigmachen: Alles überdeutlich. Alles für die Sicherheit am Ort.

Wenn die Gesellschaft insgesamt doch so sein könnte, denke ich dann manchmal. Und du wärst der erste, dem langweilig würde, sagt dann wer.

Die Post

Drei etwa gleich lange Menschenschlangen vor drei Schaltern, die mit leicht getöntem Sichtglas umschlossen sind. Natürlich vergleicht man das Tempo, mit dem es in jeder Schlange vorangeht. Und natürlich steht man falsch. Man taxiert die Mitwartenden, überlegt, was sie wollen könnten und wie lange das wohl bräuchte, wenn sie dran sind – ein paar Päckchen, das sollte fix gehen, das klobige Paket dieses Herrn mit dem steifen Hut da schon länger, wahrscheinlich hat er den Paketschein noch nicht mal ausgefüllt. Und falls der Brocken ins Ausland soll, dann wär's besser, die Schlange jetzt doch noch zu wechseln.

Am Schlimmsten ist es aber mit Sparbüchern, und diese zappelige Alte, die so trippelt beim Anstehen, die wird wohl im letzten Moment, wenn sie vor dem Beamten steht, genau das, nämlich ihr zerklüftetes Sparbuch aus dem Mantel hervorziehen, dann umständlich nach der Kennkarte suchen und irgendwas einzahlen wollen, einen kleinen, unregelmäßigen Betrag. Neunzehn Mark dreißig oder so. Der Postler wird sich die Lippen lecken, ein Lineal zurecht legen, den Füllfederhalter und wird im Zeitlupentempo das heutige Datum, die bisher vorhandene Geldsumme, die Zuwachssumme und dann die neue Gesamtsumme notieren, immer so, dass die Spalten mit langen Strichen von vorn bis hinten gefüllt sind, von Löschpapier kontrolliert, das er nachzieht beim Schreiben und Malen, und so, dass die Ziffern dazwischen wie Einsprengsel auftauchen, dicht am Strich, die Zeilen füllen, so dass nie mehr ein anderer irgendwas, nicht das Kleinste dazwischen mogeln könnte. Eine weitere Null vor das Komma, z. B. eine 1 für Zehntausend vor der 8, die den Zahlenblock bis jetzt zu 8-Tausendirgendwas macht – da stände dann ja 18-Tausendirgendwas da, nicht auszudenken! Betrug – so einfach wäre der möglich!

Gründlich, schönschriftpingelig und mit stolzem Ernst, so vollzieht der Beamte sein Werk. Auf ihm lastet die Richtigkeit. Jetzt ist er fertig. Noch einmal befeuchtet er die Lippen, zählt noch einmal die eingezahlte Summe, verwahrt das Geld in einem Schuber, schiebt der Kundin Heft samt Kennkarte durch den Schalterschlitz zurück. Die vom Pinkeldrang getriebene Alte trippelt fort. Noch ein Kunde vor dir, dann kannst auch du deine Briefmarken kaufen, endlich, deck dich bloß mit Vorrat ein. Das Sichtglas donnert nach unten. Ein Schild baumelt plötzlich da herab, wo eben noch der Beamte saß: *Schalter vorübergehend geschlossen*. Den Postler sieht man dann gleich im Hintergrund an einem Tisch eine Thermoskanne aufschrauben, ein Stullenpaket entfalten und sich den Mund vollstopfen. Man kann jetzt raten: Kommt er bald wieder oder hält er noch ein Verdauungsschläfchen? Fragen darf man das, aber niemand muss Antwort geben. Man wartet auf einer Behörde. Man sollte dankbar sein, dass sie den einfachen Bürger überhaupt so rückhaltlos bedient, ganz ohne Anmeldung, ohne Ausweisung, ohne Leumund.

So war sie, die alte Post. Die Filiale am Breitenbachplatz wurde in den späten Siebzigern gebaut, vorher gab es kleinere Ämter in den Wohnhäusern der Gegend verstreut, die nach und nach schlossen für den Neubau in der Kreuznacher-/Ecke Schildhornstraße, im Post-Hochhaus, mit Schalterraum, Paketannahmestelle und Verladeplatz. Draußen am Eingang standen von Anfang an ein paar hochmoderne Telefonzellen, in denen man mit Wertkarten telefonieren konnte, eine Neuerung, die es an den Schaltern zu kaufen gab. Manche der Beamten zeigten einem, dass sie diese Erfindung für Kinderkram hielten – andere waren freundlich und zugewandt. Man musste zu ihnen aufschauen, sie saßen erhöht auf Drehstühlen, wir Kunden standen. Im Winter bekam man den Eindruck, in der Schalterhalle zöge es und man müsste frieren – was vielleicht gar nicht stimmte, aber hinter dem Schalterglas muss es so bequem und warm gewesen sein, dass sich einfach der Eindruck herstellte. Zu warm vielleicht, denn die Beamten kappten ja häufig erschöpft den Verkehr. Neben der Hitze hatten sie an noch etwas anderem zu tragen: Verantwortung.

»Sie verletzen Hoheitsrechte der Bundesrepublik Deutschland«, belehrte mich ein Post-Techniker noch im Jahr 1986, als sei er einem Verbrechen auf die Spur gekommen – er hatte meinen selbst installierten, unangemeldeten Anrufbeantworter bemerkt.

In einer Talkshow wurde damals ein rührend jovial wirken wollender Bundespostminister von einer Schauspielerin angegiftet: »Wieso bieten Sie hierzulande immer noch keine Mobiltelefone an? Meine Freunde in New York haben das alle … Lebensart … Wieso dürfen wir das denn nicht?«

Privatisierung war das Zauberwort, das anschwellen sollte, denn es befand sich ein Riesengeschäftsbereich noch unter strengem, kargem, geregeltem Dach: Telefon, Sparkasse und Brieftransport. Ein Volkserziehungsmodell war sie bisher gewesen, die staatliche Post, und dienstleistungsmäßig auf Verzicht gepolt. Man wurde ja sogar scheel angesehen, wenn man Quittungen wollte für seinen Briefmarkenkauf.

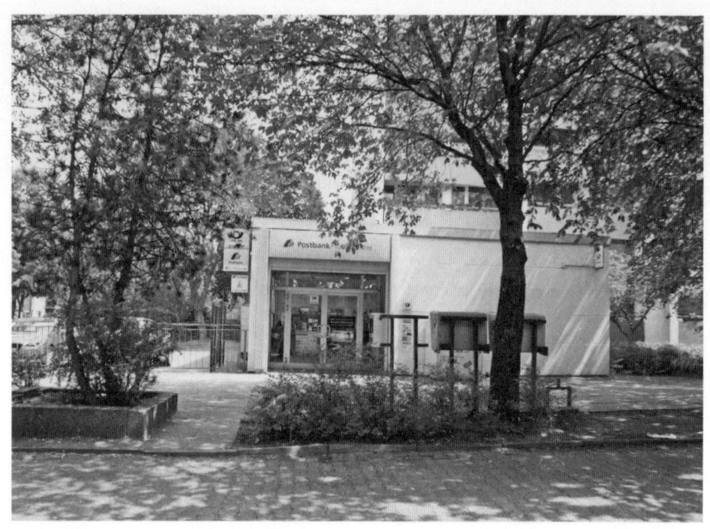

Postfiliale am Breitenbachplatz, 2016

Ein Programm, das nach Umwälzung schrie. Was für Gewinnmöglichkeiten steckten außerdem da drin – das musste doch auch einem Bundespostminister einleuchten, der CSU-Mitglied war?

Anfang der Neunziger schloss unser Amt am Breitenbachplatz. Es hieß: für einen Umbau, Gerüchte besagten: Für immer. Man musste eine Weile seine Postgeschäfte in der Schlossstraße abwickeln. Als »unser« Amt wieder öffnete, war es ein Schreibwarenladen namens McPaper geworden. Der Schalterraum aufgelöst, stand dort jetzt ein Verkaufstresen, hinter dem die Angestellten auf gleicher Ebene wie man selbst in blauweißen Blousons freundlich und beweglich agierten und neben dem Schreibwarenbedarf wie nebenbei auch Briefmarken, Einschreiben, Paketscheine verkauften, all das was vorher das wichtige Geschäft der beamteten Postler gewesen war. Sogar Geld ließ sich weiter einzahlen oder abheben. Man fror auch nicht mehr – die Temperatur war vielleicht unverändert, aber das Licht floss in freundlich mildem Gelb auf uns Kunden herab.

Anfangs hieß es noch, diese Postdienstleistungen seien nur vorläufig bei McPaper zu kriegen – eine andere Geschäftsaufteilung stünde demnächst an. Stattdessen reduzierte sich mit der Zeit das Verkaufsangebot, vorn am Eingang stand wieder *Deutsche Post* und die Schlange der Wartenden wuchs und wuchs.

Keins der alten, vertrauten Schaltergesichter sah man je wieder. Wo kamen die stolzen Beamten hin? Eine Freundin arbeitete als Psychotherapeutin in einer Kurklinik an der Ostsee und erzählte von der Wirrnis vorruhestandsversetzter Staatsdiener, die sie massenhaft zu betreuen hatte, denn Geld allein macht nicht glücklich und durch Sicherheit ohne Anerkennung ist noch nie jemand dankbar geworden. Aber das Staatsunternehmen war seine treuen Bediensteten endlich auf die Art los. Die Neuen wurden als Verkäufer bezahlt, hatten kein 14. Weihnachtsgehalt oder staatliche Beihilfe im Schlechte-Laune-Fall mehr, und der Grundlohn wird garantiert um einiges geringer angesetzt gewesen sein als der tarifliche vorher. Bis heute so, fortschreitend.

Beamte dürfen nicht streiken. Ich vermute, das Streikaufkommen ist bei den McPaper-Leuten, die den Postbetrieb seit zwei Jahrzehnten schmeißen, nicht wesentlich höher. Stattdessen sind neuerdings alle drei Wochen Betriebsversammlungen, auf denen den Beschäftigten wahrscheinlich gedroht wird, ohne ihren weiteren Verzicht könne man die Filiale gerne auch schließen.

Man ist unfroh über solche Annahmen. Die Atmosphäre in der Filiale ist trotzdem freundlich. Ich bin Stammkunde. Muss ich Plakate verschicken, die dort immer 1,50 Euro extra kosten, gehe ich trotzdem zum Konkurrenten Hermes, d. h. in einen der kleinen Tabak- und Zeitungsläden gegenüber in Steglitz, den jetzt ein armenisches Ehepaar führt, nachdem die kettenrauchende gertenschlanke Dame, die ihn früher hatte, todkrank wurde. Ich weiß von den Arbeitsverhältnissen bei Hermes – dagegen ist die Deutsche Post gewerkschaftsnah ...

Ich gehöre zu einer Generation, die vielleicht durch frühe, beamtliche Herrschaftsverhältnisse geschädigt worden ist. Vielleicht reden wir uns das auch nur ein. Aber wie gut, dass es inzwischen all die Reformen gab, und diese Vielfalt jetzt, eine Freude: Einen Tabakladen mit Kreuzworträtsel- und Sudokuheftchen, Pornos und Landliebe, Flachmännern und Paketversand. Genau wie eine Ecke weiter die Postbank, den Tresen, wo eine selbstbewusste junge Verkäuferin einer zappeligen Alten ein Sparmodell aufschwatzen will, das die andere sich ausführlich erklären lässt, einfach, weil endlich mal jemand Zeit für sie hat, während das Publikum in der Warteschlange je nach Temperament stöhnt und schimpft und nach vorne ruft: »Sie bedienen doch niemand, Sie führen seit zehn Minuten ein Verkaufsgespräch!«, und die Verkäuferin wird dann hastiger reden und fragen: »Also, soll ich das jetzt ankreuzen, dass Sie ihr Gespartes in Fondsguthaben umwandeln lassen? 1,5 Prozent Zinsen ein halbes Jahr garantiert?«. Die Alte hat nichts verstanden, trippelt im Stehen vor sich hin und nickt listig: »Ich überleg's mir. Aber danke Ihnen sehr für die Information« – und dann ab zum Klo, während die Wartenden in der Schlange mit den Hufen scharren und die Verkäuferin einen 'ranwinkt: »Der Nächste bitte!« – mit einem ziemlich frechen Augenaufschlag: »Wär das vielleicht auch was für Sie, mein Herr, unser Sparmodell?«

Ganz im Westen

Die Glocken der katholischen Kirche am Bergheimer Platz klingen Sonntag vormittags gegen zehn immer besonders laut und ausdauernd. Es gab Zeiten, als das die Familie zum Aufbruch für den eigenen Kirchgang trieb – der evangelische Weg war lang, die Küko gehört zur Gemeinde der Lindenkirche, weit oben zwischen Rüdesheimer und Heidelberger Platz gelegen, zwanzig Minuten zu Fuß, wir waren immer spät dran, wenn die Konkurrenzglocken läuteten.

Später hat mich ihr Lärm im Halbschlaf belästigt und ich fand, Religionen seien eine Privatsache und Kirchen Clubhäusern und Parteibüros vergleichbar – würde es einem Studentenheim z. B. gestattet sein, jeden Sonntag so laut die *Internationale* oder *All You Need Is Love* vom Band abzuspielen, dass man es vier Straßen weiter hört?

Aber das Gebäude der St. Marienkirche hat mich immer fasziniert, wie ein mittelalterlicher Dom drängt es sich zwischen die Jugendstilhäuser Friedenaus und die geraden Blockbauten der Gartenstadt. Die Laubacher Straße muss dem Dom in einem Halbkreis ausweichen, was gewagt aussieht in dieser rechteckig angelegten Gegend und den Ort ein wenig französisch, zumindest süddeutsch wirken lässt. Früher war gegenüber der Kirche ein kleines Kino – eins von vieren, die man fußläufig von unserer Wohnung in einer Viertelstunde erreichen konnte, alle sind

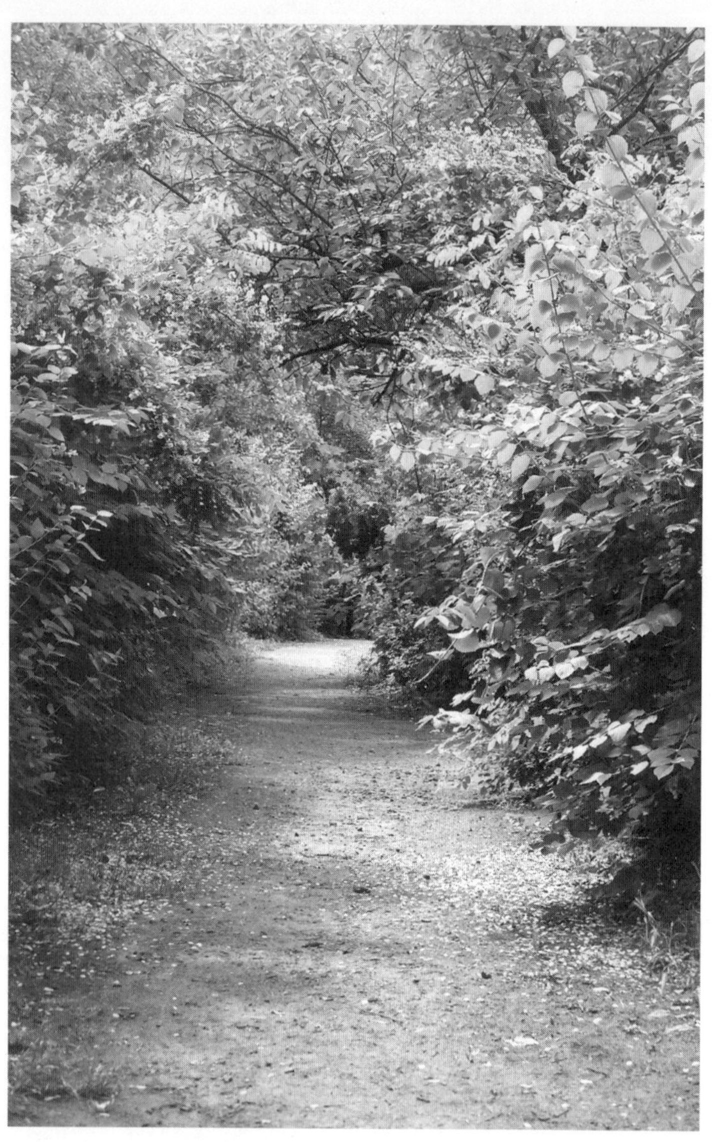

Zugewachsene Wege auf dem Ludwig-Barnay-Platz

längst geschlossen –, und immer noch gibt es den Gasthof bei der Kirche, eine Eckkneipe auf der Friedenauer Seite der Laubacher, in der man sich sonntags zu Molle und Korn, Soleiern und zum Dartspiel trifft. Diese alte Berliner Tradition wird von einer anderen ergänzt, ein wenig weiter in Richtung Innenstadt, Laubacher Straße/Ecke Südwestkorso, kommt nämlich das traditionsreiche Café Czerr. Wer heute noch echte, gepäppelte Wilmersdorfer Witwen sucht, der sollte da gucken.

Mittlerweile liege ich Sonntag vormittags manchmal gegen zehn im Bett, höre das Sausen und Brausen der Glocken, die Augen halb zu, und fühle mich ganz in der Stadt. Ganz im Westen. Ich kann das Gefühl nicht begründen, dass es mir dann so gut geht, vielleicht gehört gar nicht viel dazu, um da hinein zu geraten, nur das Glockengeläut und ein bisschen Rauschen vom Sommerwind in den Bäumen vor dem Fenster, der Vogelgesang, das Gurren der Tauben, mehr ist nicht nötig.

Ein Wolkenkuckucksheim, in dem ich da im Halbschlaf liege, eine geträumte Stadt, und diesen Bergheimer Platz muss ich dazu überhaupt nicht aufsuchen, ich denke nur kurz an ihn und die Stimmung ist da.

Von Bäumen beschattete Straßen mit nur wenigen geparkten Autos am Rand, das gehört auch zu der Stimmung. Alte Fotos zeigen mir, dass es einmal so war. Mit geschlossenen Augen kommt die Erinnerung daran zurück. In Wirklichkeit ist gerade am Wochenende hier alles zugeparkt. So wie eigentlich auch jede Nacht, immer fahre ich bis zum Breitenbachplatz vor, wenn ich nachts das Auto abstellen muss. Aber in meinem Tagtraum bleibt Platz, sind Lücken zwischen den Büschen und Bäumen. Die Büsche wuchern auch nicht so auf die Fußgängerwege in den Sommern wie in Wirklichkeit, wo sie schon seit Jahren kaum mehr beschnitten werden. Was mich eigentlich nicht kümmert, aber träumen tu ich es anders.

Natürlich leben hier Menschen und zeigen sich natürlich auch, im Tagtraum wie in der Wirklichkeit, aber sie stellen sich nicht so aus, wie es Mode geworden ist, sie posieren nicht damit, dass sie da sind. Man kommt und geht, parkt ein und aus, schaut zum Fenster raus oder zieht einen Vorhang zu, aber bleibt in sich drin dabei. Wie nebenbei macht man das. Man grüßt sich bei den Briefkästen, holt sein Rad aus dem Hof und fährt los. In vielen anderen Stadtvierteln ist das Wohnen – und das *Wie-Wohnen* – eine Art Erklärung geworden, ein demonstratives Sich-Verdeutlichen. Mit dem, was man tut, positioniert man sich. Es fallen Floskeln wie »Ich als Fahrradfahrer«, »Ich als Single«, »Ich als Frutarierin« – hier zwischen den Linden im Südwesten fallen sie nicht, noch nicht, jedenfalls in meinem Tagtraum nicht. Hier – unter den angeblich so exzentrischen Künstlern – ist einfach Stadt und kein Aufhebens davon.

1996 waren Kristjane und ich einmal kurz in Poznań und fuhren abends mit dem EC Warschau-Berlin zurück. Die Strecke ist nicht länger als von hier nach Braunschweig, aber die Fremdheit machte sie weit und aufregend. Seltsame junge Russen im Abteil taten ihr Übriges für die Spannung. Uns hatte Poznań gefallen, vor allem die Vorstadt in der Nähe des Bahnhofs, wir sahen dort sogar einen Häuserblock, der so ähnlich aussah wie in der Küko. Vielleicht vom gleichen Architekten, dachten wir, warum sollte er dort nicht auch einen Auftrag erhalten haben, seinerzeit? Als ich dann nachts allein im Wohnzimmer saß, kein Licht an, von draußen die zarte Punktbeleuchtung in den Häuserfluren bis hoch zum Fichtenberg, war mir trotz der überwundenen Fremde diese Posener Vorstadt mit ihren dem Alltag verbundenen

Bewohnern, mit ihrer schnellen, selbstbezogenen Art, die wir kurz hatten beobachten dürfen, sehr nah. Ich dachte: Was für ein Theater! Diese Innen- und Kulissenstädte. Und dass vielleicht hier wie dort, im südwestlichen Berlin wie in Poznań um den Bahnhof herum noch ein bisschen die Zeit stehen geblieben ist. Schön, dachte ich.

Und natürlich kann das nicht bleiben. Was unsere Ecke betrifft: Noch ist die Erstsemester-Generation, die von dem wunderlich langsamen, uralten, wild-spießigen West-Berlin die Legenden gehört hat, die sie dann unbedingt nacherleben will, bestimmt schon längst geboren. Aber angekommen noch nicht. Hier, wo es den Kaffee in echten Tassen in den Cafés geben wird – für immer.

Neulich wurde unser Wohnblock grundrenoviert, Fassade und Dach erneuert. Zeitweise gab es auf den Dachböden Mauerdurchbrüche zwischen den einzelnen Häusern. Da machten wir einen Spaziergang über die Wohnungen weg, die ganze Kreuznacher Straße lang, hoch oben. Manchmal war im Dach etwas ausgebaut – von Anfang an waren Hochateliers in den Küko-Blöcken eingeplant gewesen, ihr Bau wurde nach dem Krieg bloß nicht mehr verfolgt und nach 1990 eher unsystematisch nachgeholt. Manchmal hatte sich auch jemand im Dach ein halbes Zimmer auf eigene Faust eingerichtet, jetzt längst wieder aufgegeben, man sah die Spuren deutlich wie in einem verlassenen Bauernhaus irgendwo draußen. Es waren auch noch diese Verschläge zu ahnen, von denen George Kranz erzählt hatte, in denen vor achtzig Jahren Verfolgte versteckt worden waren. Manchmal ging man plötzlich durch einen ausgebauten Flur. Durch die Luken konnte ich über den Sportplatz in Richtung Steglitz schauen – das erste Mal seit Kindertagen die Aussicht von so hoch oben, mit dem Fernheizkraftwerk Lichterfelde im Blick und der Ruine des Steglitzer Kreisels. Mir fiel der makabre Witz ein, den ich manchmal auf der Bühne gemacht habe: Warum New York, murmeln die Steglitzer im September 2001, warum die Twin Towers – wir hätten hier doch auch ein Monstrum, das weg muss?

Ich vermute, wenn wir genau entgegengesetzt, in der Bonner/Ecke Kreuznacher Straße wohnen würden, 300 Meter weiter am anderen Ende der Längsseite unseres Wohnblocks, und immer in Richtung Breitenbachplatz und Dahlem schauen würden, zum Grunewaldsee und zur Havel hin, dann würde ich vielleicht von Weite und Land und dem Verschwinden darin tagträumen. Die moorigen Wasser würden das Wohnen prägen, das Avus-Geheul weit weg, die parallel ratternden Regionalzüge quer durch den Grunewald. Und diese Hundertschaften von Einfamilienhäusern, die hinter dem Breitenbachplatz direkt anfangen und sich bis Potsdam erstrecken.

Die drei Blöcke der Küko stehen genau an der Grenze zwischen Großstadtenge und Villengroßzügigkeit. Man kann vielleicht auch sagen: zwischen Vielfalt und Einfalt. Daran hat sich in neunzig Jahren nichts geändert. Die drei Blöcke sind wie eine Wasserscheide. Und blickt man nach Osten, fängt man vom Westen zu träumen an. Umgekehrt gerät das östliche Brandenburg in den Tagtraum, wenn man nach Westen schaut.

Vor dem Villenbereich kommt noch der Breitenbachplatz. Früher einmal schlicht und ebenmäßig und mit dem U-Bahnhof seit 1913 ein Vorposten der heranrückenden Stadt hat er heute etwas Verletztes und Trauriges an sich. Für mich ist er zum Lieblingseinkaufsort geworden, hübsche neue Lädchen sind entstanden, einen Trödelmarkt am Sonntag gibt es, essen und trinken kann man, alles ein paar Schichten schlichter als am herausgeputzten Rüdi. Wobei der Pleitegeier hier auch heftiger zuschlägt als im gentrifizierten Gelände: Das eigentlich sehr formschöne *Café Breitenbach* Ecke Dillenburger mit Dachterrasse in Schnellstraßenhöhe schafft es einfach nicht, einen Besitzer zu finden, der länger als zwei Jahre durchhält. Aber unsere Lieblingspizzeria gegenüber besteht seit geschätzten 40 Jahren, *Piazza Michelangelo*, ein süditalienischer Familienbetrieb in einem Bungalow, der ganz früher mal ein kleiner, mieser Imbiss gewesen war. Einmal als junger Typ saß ich in dem Restaurant am Nebentisch, als der sagenhafte Regisseur Kurt Hoffmann von einer Reise nach Saba erzählte. Und ich lauschte.

Der Breitenbachplatz ist ohne die Schnellstraße, die ihn zerschneidet, nicht vorstellbar. Wie man einen alten Akademiker mit burschenschaftlichem Schmiss durchs Kinn auch nicht mehr anders kennt – nur dass der sein Gesicht freiwillig riskiert hat. Dem Breitenbachplatz blieb in den Siebzigern so wenig Gegenwehr übrig wie seinen Anwohnern. Man sagt, die Stadtplaner, die alle am Fehrbelliner Platz beim Bausenator arbeiteten und südwestlich wohnten, hätten sich dieses Seitenstück des Stadtrings quasi gegönnt, für sich selbst gebaut, abends schneller nach Haus und morgens später weg. So wie im Ostteil die Zufahrt nach Wandlitz bürgerfern durchgeführt wurde.

An planerischer Willkür nahmen sich die Stadtpolitiker von Ost- und West-Berlin nach dem Mauerbau wohl nur wenig. Wir Bürger auf beiden Seiten ließen uns auch ordentlich was gefallen. Und jetzt genieße ich die Schnellstraßenauffahrt ganz unschuldig, um aus der Gegend raus in den Norden zu brausen, auf der Schildhornstraße die Rampe hoch und dann mit achtzig durch die untertunnelte *Schlange*, das Wohnhaus, durch das der Verkehr rast, und die Bewohner schwören Stein und Bein, man lebe dort prächtig und höre überhaupt keinen Autolärm. Alle anderen finden diese Art von Städtebau erstmal monströs.

Fast so schlimm wie den Bierpinsel – am Ende der Schildhorn-/Ecke Schlossstraße – dort, wo der Auto-Zubringer nach Stadtplanervision seinerzeit in die nächste Schnellstraße hätte münden sollen –, eine Art West-Berliner Neuschwanstein, ein Vergnügungsturm ohne Anstand, dieser Bierpinsel, mit Cafés, Diskos, Spielhöllchen, unten schmal, oben ausladend, aus ehemals rotem, jetzt bespraytem Beton und Metall – und leider seit Jahren leerstehend. Von so ausgesuchter Hässlichkeit, dass er dringend unter Denkmalsschutz zu stellen wäre. Wie auch das ICC – beide Gebäude übrigens vom gleichen Architektenpärchen erschaffen, Ralf und Ursulina Schüller-Witte, beides Dokumente der Siebziger. Nicht das Schöne verdient den Denkmalsschutz, sondern das Typische einer Epoche. Und was drückte Geist und Substanz unseres ehemaligen offiziellen West-Berlins besser aus als ein Bierpinsel und das ICC?

Subvention und Korruption. Lange her damals schon der Anfangselan für die Republik und die Demokratie …

Wenn man so weit westlich wohnt wie in der Küko, ist man vom globalen Brodeln der Innenstadt weit entfernt, aber dicht am hausgemachten Geist der Gesamtberliner Politik. Zu West-Berliner Zeiten wuchsen ein paar Politikergenerationen in einem Stall auf, in dem man lernte, wie man nimmt, in die Parteitaschen schaufelt und dabei genau weiß, dass für die eigenen noch was übrig bleibt. Wer sich in diesem Mechanismus auskannte, der ging hier nicht weg. Und deshalb wird eine Metropole, die mittlerweile weltweit fasziniert, immer noch von echten Provinzlern regiert, die sich – was man Lehrern gern vorwirft – nie ins wirkliche Leben trauten. Die Chronik allein der Bauskandale

West- und später Gesamtberlins ist so beeindruckend wie das zärtliche Gefühl der echten Einheimischen zu ihren Ruinen – dem Asbestturm des Steglitzer Kreisels winke ich täglich vom Wohnzimmerfenster aus zu. Und was wir für den BER täglich zahlen, wissen wir gar nicht.

Sogar den idealistischen Schwung der Bürger, die Fremden helfen wollen, die seit 2015 in so großer Zahl plötzlich hilfesuchend mitten in der Stadt sind, haben die regierenden Provinzler mit aller Kraft auszubremsen versucht und wollten ihn kleinlich im Malstrom ihrer Bürokratie sich totlaufen lassen. Breitgestiges Weltbürgergetue und Ärmelschonerrechthaberei ergänzen sich dabei. Vergeblich, gottseidank. Es kostet Nerven, dieser seltsamen Mischung aus Großmannssucht und Unkönnen von außen zuzusehen und trotzdem daran mit beteiligt zu sein – einfach, indem man hier lebt. Geht's noch?, fragt man sich – hat man sich längst schon gefragt.

Als wir als kleine Familie '94 in die Küko zogen, dachte ich erst, nur zum Wohnen. Alles, was spannend war, florierte damals im Osten – die Auftritte, die vielen neuen, jüngeren Kolleginnen und Kollegen, das nächtliche Club- und Barleben. Man spielte *gegen die Tür* oder für Minigagen, es war, als gäb es zwei Währungen mit den gleichen Geldscheinen in der Stadt. Einer der letzten West-Clubs, in dem ich auftrat, vergraulte mich, weil der Betreiber verlangte, ich sollte mein Programm durchziehen, egal, was kommt, Begründung: Weil wir sonst unsere Subvention verlieren. Da war die höhere Gage gleich weniger wert.

Mittlerweile hat sich das krass geändert: Hier bei uns ist das meiste jetzt billiger. Hier bei uns wird jetzt subventionsloser gelebt. Man hat manchmal den Eindruck, im Zentrum spielten demnächst Touristen Touristen ein Berlin für Touristen vor.

Und die Provinzverwalter regeln staunend dazu den Verkehr. Das eigentliche Berlin aber, die lebendige Substanz, zieht sich zurück in die Vorstädte. Macht doch da drin, was ihr wollt …

Der *neue* Kioskmann hier am Ludwig-Barnay-Platz, ein ehemaliger Postbote, der die Bude seit über zehn Jahren führt, hat es geschafft, dass sich bei ihm Kundschaft nicht nur zum Kaufen, sondern in Sonne und Wind auch zum Reden, Trinken und Rauchen einfindet, sich rund um den Verschlag drapiert, in dem die Waren warten. Echte Zeitungen noch, Zigaretten, Süßkram – wie beim Angeln fläzt man hier bei jedem erträglichen Wetter auf mitgebrachten Klappstühlen mit Hunden, breitkrämpigen Hüten und lässt die Tage vorbeiziehen. Poliert an Motorrädern rum, macht Wetten über die Einparkenden. Sogar im Sturm stehen manche noch da, einen Kaffeebecher in beiden Händen. Das wärmt ja auch.

Ich ewiger Zuspätkommer haste meistens daran vorbei. Irgendwann, denke ich. Das denkste noch am letzten Tag, sagt dann wer.

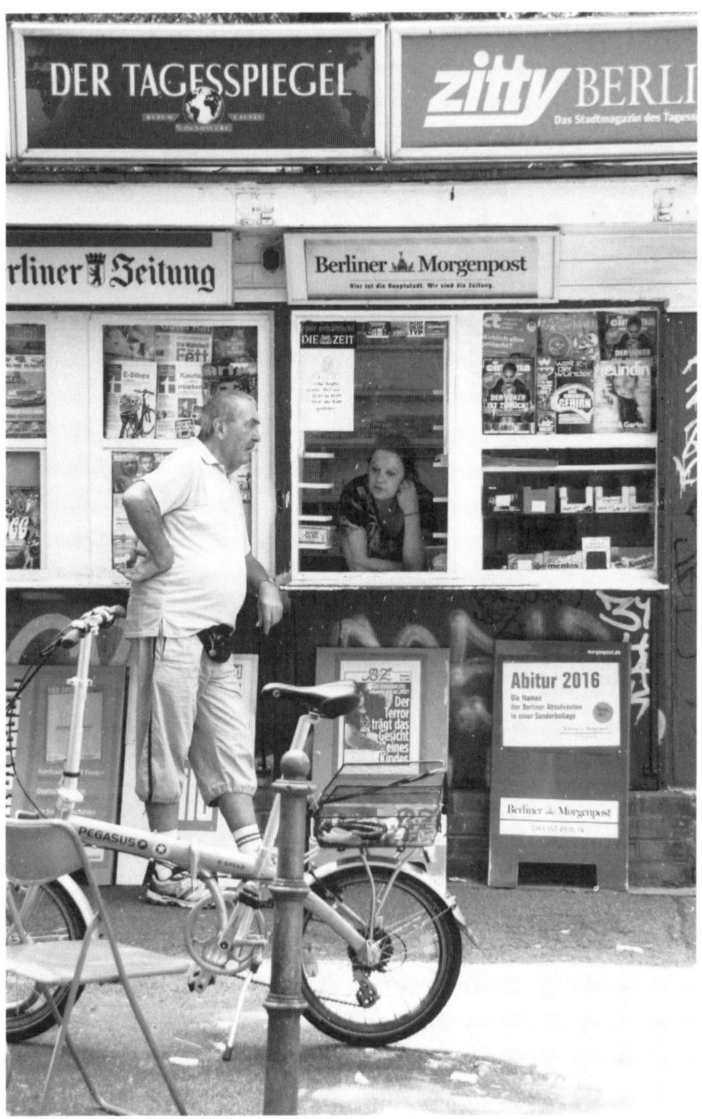

Plausch am Kiosk am Ludwig-Barnay-Platz

Nachspiel

An vielen Orten schlagen Wünschelruten aus, und auf dem Land bezeugen Einheimische Sträuchern und Bäumen eine Art von Ehrfurcht wegen der Geister, die in ihnen hausen.

Auch in Gemäuern sind Geister zuhause – was sie dort trieben, welcher Geist dort waltete, spürt man manchmal plötzlich, wenn man die Ruinen durchstreift, in den *lost places* herumklettert und auf sich wirken lässt, was die übereinander gepurzelten Steine erzählen. Auch in benutzten Häusern wirken Kräfte, sie können ermutigen oder bedrücken, und die Angebote, sich das nutzbar zu machen, nehmen in esoterisch orientierten Zeiten wie unserer zu.

Welche Kräfte in den drei Blöcken der Künstlerkolonie auf Dauer die Oberhand gewinnen, weiß ich nicht. Ein Sensorium für solche Dinge ist bei mir kaum vorhanden. Während der langen Zeit hab ich mir einmal gewünscht, die Kraft der Beeinflussung mehr zu beherrschen, das war im Zug eines Nachbarschaftsstreits, der vorbei ist. Sonst interessiert mich das Thema nicht.

Was ich aber vermute: Die Wohnung Laubenheimer Straße 1 unten rechts zieht das Unglück an. Ich habe gezögert, darüber zu schreiben, denn ich möchte den jungen Mann, der jetzt dort lebt, nicht verunsichern. Er wird dies wahrscheinlich nicht lesen, außerdem ist mittlerweile, was sich dort zugetragen hat, zu lange her – ein Fluch, so es einen gab, durch die Zeit beseitigt.

Als ich klein war, hat es da unten gebrannt. Immer mal wieder hatte mich die verquollen ausschauende Bewohnerin in ihr kleines Reich gelockt, sie hatte spitzgekriegt, dass ich Klavierschüler war, und Noten zurecht gelegt, mich gebeten, dass doch mal zu üben und ihr dann vorzuspielen – Arien aus dem *Vogelhändler*, die Ouvertüre zu *Dichter und Bauer* von Franz von Suppé. »Auf keinen Fall«, so der Großvater, denn ihr das vorzuspielen hätte ja bedeutet, dass Odette Orsy-Bellmer die zweiundneunzig Stufen zu uns hochgestiegen wäre, bei ihr stand kein Instrument. »Abgesehen davon, dass sie das wahrscheinlich gar nicht schafft«, hatte meine Mutter grinsend gemeint, »was hast du gegen die …?« Großvater blieb in dem Punkt verschlossen, aber raffte sich nach einem langen Gespräch mit der Großmutter auf, mit mir im Schlepptau der immer irgendwie wallenden, wiegenden Frau auf ihrer Schwelle mitzuteilen, wir wünschten keinen Kontakt. Und sie solle mich nicht mehr ansprechen, ein für alle Mal.

Das tat sie natürlich doch. Ich huschte gern zu ihr rein, es gab Süßes, es war heimlich, und die Frau war auch ungehemmt zärtlich. Ich huschte genauso gern wieder raus, besonders dann, wenn sie um eine Ecke herum den Großvater ins Spiel zu bringen versuchte, dem man etwas beibiegen und den man einmal hierher locken sollte. Es gab Likör und Wein bei Frau Bellmer, ich durfte Gläser auslecken. Was ich nicht immer ablehnte.

Irgendwann war die ehemalige Film- und Theaterschauspielerin beim Rauchen eingeschlafen. Flammen schlugen hoch. »Sie hat versucht, sich zu verbrennen«, sagte mein Vater schonungslos und genoss den Schreck im Gesicht seines Vaters. Sie wurde gerettet, aber verschwand aus dem Haus. Die verkohlte Wohnung stand lange Zeit leer.

Das Ehepaar, das später einzog, war freundlich, nachbarschaftlich aktiv und von jovialer Gemütlichkeit, zwei kleine Leute vom Wuchs her, mollig beide am Anfang, er oft mit dem eigenen Auto beschäftigt, sie im Gespräch mit anderen Frauen. Irgendwann fiel auf, wieviel Zeit er beim Auto verbrachte, nicht nur mit Waschen – das damals noch an der Pumpe beim Zaun zu den Schrebergärten, später zum Sportplatz hin möglich war –, auch mit Drinsitzen und Musikhören oder einfach nur Rauchen. Lautstarke Streits in der kleinen Wohnung wurden registriert und ignoriert. Irgendwann zog die Frau aus, was den Kontakt der Getrennten nur wenig minderte. Irgendwann verschwand auch der Mann, Schlaganfall, hieß es, und irgendwann war er wieder da. Das muss etwa fünfzehn Jahre her sein. Seit damals lebte der Mann bis zu seinem Tod vor ca. drei Jahren als Pflegefall rundum versorgt, ohne die kleine Wohnung noch einmal zu verlassen. Man sah ihn manchmal von der Straße aus wie aufgebahrt auf einem hohen mobilen Bett mit Kopfhörer, freundlich winkend oder in etwas versunken, jedenfalls nie mit verzweifeltem Ausdruck, und auch nichts fordernd.

Ich ging vorbei, grüßte, winkte auch. Klingelte nie an der Tür.

Bei der Frau war es anders. Ein obskurer Unfall hatte sie zur Hinkenden gemacht, und erstaunlich schnell magerte sie so ab, dass ihre Arme und Beine bald dünn waren wie die Gehstöcke, ohne die sie nicht mehr laufen konnte. Einen Rucksack aufgebunden, redete und erklärte sie viel, wenn man sie traf, aggressiv, stellte ihre Hilfe für den Exmann heraus, verlangte Anerkennung, vermutete Spießertum aller anderen, Feigheit, gegen die sie doch Sturm lief. Immer dürrer, schwerer vorankommend, wie ausgehöhlt. Wund. Irgendwann kam sie nicht mehr. Es fiel erst im Nachhinein auf.

Ich gehe den Treppenaufgang im Dunkeln hoch. Unser Kind hat das gern gemocht, und manchmal tu ich ihm das jetzt nach. Im Dunkeln leben die vielen Leute gleichzeitig auf in den paar Wohnungen zwischen Erdgeschoss und Viertem. Eh ich das Schlüsselloch suche, mach ich oben das Licht wieder an.

Gut zu wissen, wer jetzt hier wohnt. Darüber erzählen werden wohl einmal, die jetzt noch klein sind und uns beobachten. Mit Ingrid Pfeffer, Dietrich Lehmann und unserer Freundin Teresa im Dritten sind wir mittlerweile die Ältesten im Haus. »Was könnte man für Partys feiern in den Höfen«, meinte George Kranz in unserem Gespräch neulich. Ich stimmte zu, »in siebzehn Wohnungen allein sind hier Grips-Schauspieler zuhause, jeder könnte 'ne Nummer machen, eine Kostprobe geben, ein Riesenfest …«

George hat seine Kindheit im Block zum Breitenbachplatz hin verbracht und er erinnerte mich an etwas, das ich vergessen hatte: Die damals wie Stufen gesetzten Ecksteine, von den Türen aufwärts steigend, an denen wir Kinder natürlich hochklettern wollten. Die hat man alle ausgewechselt, die Mauerstellen begradigt. George wusste von einem Jungen, der da hoch ist und plötzlich nach unten geschaut hat und nicht mehr vor und zurück kam vor Schreck und Schwindel. Die Feuerwehr half, später hat man diese gefährlichen Vorsprünge weggehauen.

Ein ganzes Leben lang geht das nicht. Man versucht, so viel vorzubeugen wie möglich. Das war ja auch die Idee zu der Künstlerkolonie. Manchmal wurde trotzdem das Leben darin so unsicher, dass die damals Lebenden uns als die Interessantesten erscheinen. Glücklicher waren vielleicht aber die, um deren Tage sich weniger drehte.

Glücklicher waren wir.

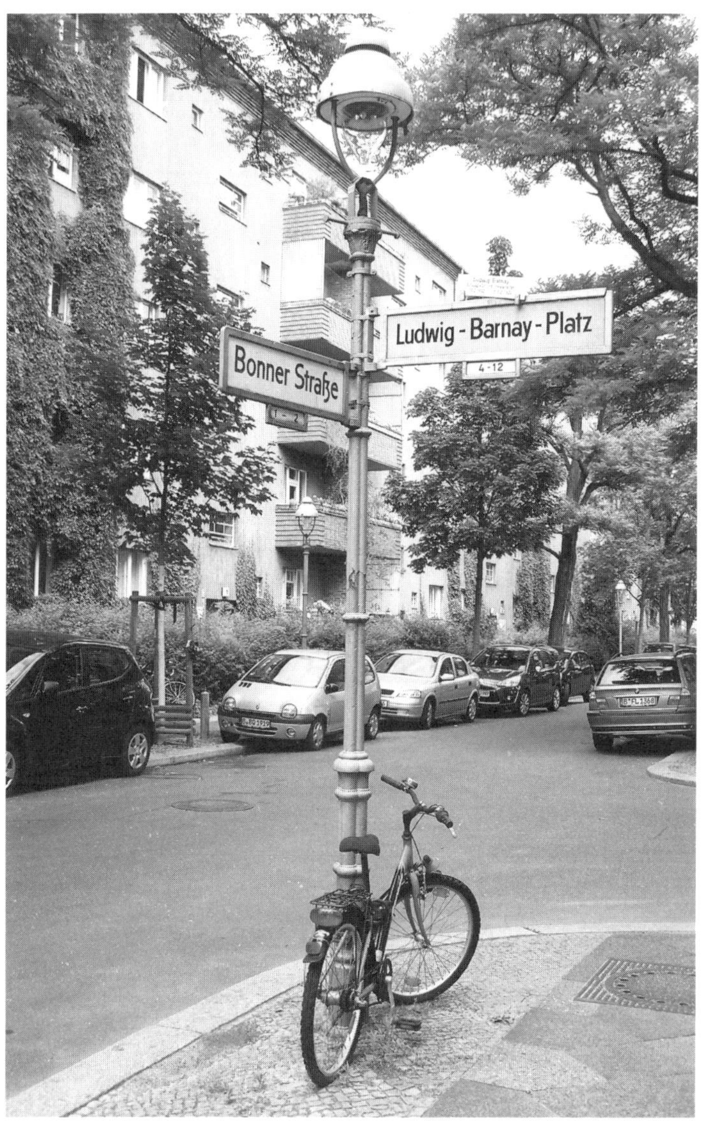

Blick in die Künstlerkolonie

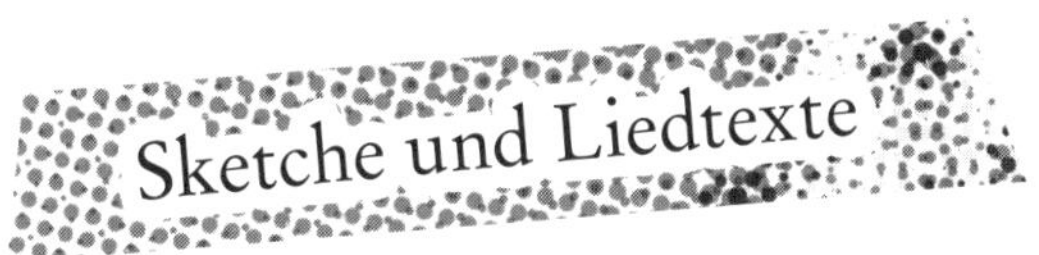
Sketche und Liedtexte

Musisch

»Ach, und so viele Musikinstrumente«, seufzt die Dame im Lodenkostüm, als sie einen Blick in mein Arbeitszimmer geworfen hat. Dann lässt sie sich in den Wohnraum führen – »und sogar noch ein echtes Klavier«, ruft sie aus.

Sie will sich ein Fin-de-Siècle-Sofa beschauen, das wir vor Jahren in einem Anflug von Übermut angeschafft und jetzt zum Verkauf annonciert haben.

»Wissen Sie«, sagt sie und will sich noch nicht setzen, »wir waren damals fünf und haben jede ein anderes Instrument erlernt – erlernen müssen – unser Vater bestand darauf ...«

Aus den Tiefen der Wohnung grollt ein Prasseln zu uns herüber wie von hunderten stürzenden Plastikfiguren, dann ein Poltern und Schlagen von wütenden kleinen Fäusten.

»Musische Früherziehung, das ist ja immens ... na, Sie wissen sicher, wie wichtig das ist, Herr ... Mauersberger ...«

»Übrigens, da steht das Sofa«, unterbreche ich vorsichtig.

»... sie schult nicht bloß das Gehör, sondern auch noch die Logik, und das Gedächtnis ...«

Ich erinnere mich daran, dass natürlich keiner den hässlichen Rotweinfleck auf dem Sofa gebleicht hat und schiebe im Vorbeigehen ein Kissen darüber.

»... und außerdem – das war unserem Vater besonders wichtig: Noten schärfen auch unser Verhältnis zu Zahlen – Musik und Mathematik, das ist ein gemeinsames Feld, pflegte er immer zu sagen ...«

»Zweieinhalbtausend, nur so als Vorschlag, haben wir uns gedacht«, flechte ich ein und zeige aufdringlich auf das Möbelstück. Am andern Ende der Wohnung sind jetzt offensichtlich Legionen von Metallbauteilchen zu Boden geprasselt und ein Verzweiflungsschrei folgt ...

»Bitte«, fragt mich die Dame, »ich habe nicht recht verstanden ...«

Ich schließe die Tür zum Flur.

»Es ist ein altes Erbstück«, erkläre ich ihr, »mindestens hundert Jahre alt, wir haben es polstern lassen noch letzten Winter – aber ...«

»Sagen Sie, Herr ... Mauersberger«, ruft die Dame und wühlt in den Noten auf dem Klavier, »Telemann, Pergulesi – was hab ich das damals geübt, jahrelang – meine Schwester Edith war das Klavier und ich die Tenorblockflöte – bis es blind ging ...«

Ein dumpfer Knall überdeckt ihren Erinnerungsausbruch.

Manchmal kann ich die Leute von unter uns, die immer wegschauen, wenn man sie im Flur trifft, ein bisschen verstehen.

»Diese Stücke sind schwierig, aber die Anstrengung lohnt«, sage ich mühsam, wie aus einem anderen Leben heraus, um das Gespräch mit der Dame in Gang zu halten.

»Und wie sie sich lohnt«, bestätigt sie, »auch wenn ein Kind das erst gar nicht begreift. Per aspera ad astra. Also ohne den stetigen häuslichen Druck unsres Vaters hätte doch keine von uns ...«

»Ich weiß«, nicke ich müde und lehne mich gegen die Wohnzimmertür. Denn ich ahne, was kommen wird: Schon höre ich auf dem Flur den Schlag einer Trommel, das Zischeln der Rassel, das Quäken einer Kazoo und das Stampfen von kräftigen kleinen Füßen.

»Was nun aber das Sofa betrifft«, rufe ich noch tapfer in die Richtung der Dame – aber da ist es zu spät. »Ich hab endlich die Trommel und den andern Kram wiedergefunden«, jubelt mein Sohn und quetscht mich zwischen Türe und Wand, »das lag alles zwischen den Handschellen und den Maschinengewehren, jetzt können wir unsre Show machen – komm, wir spielen der Tante das Stück vor! ...« Und weil er neuerdings schreiben und buchstabieren lernt, ruft er noch: »L-o-s!«, und ich antworte: »N-a-g-u-t!« – wenn man sich für einen Erziehungsstil mal entschieden hat, muss man ihm treu bleiben ... Und während die Dame endlich auf dem feinen, nur leider fürchterlich unbequemen und deshalb auch zum Verkauf stehenden Sofa Platz genommen hat und huldvoll die ondulierten Locken zur linken Schulter hin neigt, schöpfe ich Atem, schließe die Augen – und ab:

»Hey, Mr. Wichtig, du tickst ja wohl nicht richtig, das war ja wohl'n bisschen schnell, das war ja wohl nicht so originell ...« – fünfmal, zehnmal, mit Trommel, ohne Trommel, mit Kazoo, ohne Kazoo, einstimmig, zweistimmig, mit Takt und ohne, und auch im Kanon.

»Tja«, sagt die Dame, erhebt sich und fährt meinem Sohn leicht über das Köpfchen, »das ist zwar nun nicht unbedingt eine Musik, mein Kleiner, aber Spaß scheint es wohl zu machen ... Was allerdings Ihr Sofa betrifft, Herr ... Mauersberger: Leider nichts als ein Imitat, bestenfalls späte fünfziger Jahre, und außerdem« – in diesem Moment schiebt sie geschickt das Kissen vom Rotweinfleck weg – »auch etwas ungepflegt. Mit Zweifünf bei weitem überbezahlt. Wenn ich auch seit 30 Jahren nicht mehr musiziere, den Umgang mit Zahlen hat die Musik mich gelehrt. Ich empfehle mich.«

»Aber was hast du denn«, fragt mein Sohn, als die Wohnungstür ins Schloss fällt, »wir waren doch besser als TicTac-Toe – warum guckst du denn so beleidigt?«

(1995)

Der Besuch

Ich geh heut nicht raus auf die Straße. Ich will niemanden sehen. Ich liege auf meinem Ruhesofa und bin erschöpft. Ich hatte drei Tage Besuch. Besuch eines jungen Landmenschen bei mir in Berlin – ich wusste gar nicht mehr, wie es ist, sich zwölf Stunden am Tag lang zu unterhalten. Unterhalten zu müssen! Jetzt weiß ich es wieder. Und ich begreife allmählich, wie erfrischend eine langjährige Ehe und eine leere Wohnung sein können.

Ich will niemanden treffen. Ich hab keinen Text für heut Abend. Oder soll ich erzählen, wie ich vorhin beim Frühstück ausgerastet bin, als mein Besuch mir das Brotmesser aus der Hand reißen wollte: »Gib mal, lass mich mal – Mann, das sah aber gerade gefährlich aus«? Ich bin diesen Umgangston nicht gewohnt. Ich finde auch, man kann Weingläser ruhig von selber abtropfen lassen, man muss die nicht unbedingt nachpolieren … Und man darf ruhig auch zwei Fernseher besitzen, einen im Schlafzimmer, einen im Arbeitsraum – ich wusste gar nicht, wie sehr ich Leute hassen kann, die andauernd beteuern, sie hätten kein TV, sie bräuchten das gar nicht. Na, von mir aus!? Ja, unsere Videosammlung ist ziemlich groß, ja, »Jenseits von Eden«, das haben wir auch … Mal kurz reinschauen? Ach, nanu …

Das ist doch alles kein Gesprächsthema. Auch, dass ich »Die Stadt hinter dem Strom« von Hermann Kasack nie gelesen habe, wen interessiert denn das? Mich hat es nie interessiert, das Buch steht seit irgendwann bei mir im Regal, auf einem Trödel gekauft. Jetzt muss ich es nicht mehr lesen, ich kenne den Inhalt auswendig. Und auf meine Stadt bin ich überraschenderweise seit neuestem richtig stolz. Ich finde wirklich nicht, dass sie so vollkommen verbaut ist, so kalt, so anonym – ich mag jetzt sogar die Untertunnelung und die Bebauung vom Potsdamer Platz. Eigentlich bin ich mit meinem Besuch zu dem Infotainment von Sony und Konsorten nur hingegangen, damit wir uns mal gemeinsam amüsieren – und eine Weile nicht reden müssen, das auch, zugegeben – ich hatte das Gefühl, jeder Berliner zieht griesgrämig mit seinem Besuch jetzt dort herum –, aber wenn ich dann andauernd das Gestöhne höre, über die menschenfeindlichen Hochhäuser, die armen Bäumchen vom Tiergarten, die Tiraden gegen das Zentralistische, die deutsche Großmannssucht, das Gigantomanische, das sich im Architektonischen niederschlägt wie auch zwangsläufig in den Psychen der Hauptstadtbewohner: »Ihr seid doch hier alle schon wie gedoubelt – und, nebenbei, das mit eurem Supertunnel da zum Lehrter Bahnhof, das klappt nie, das kann gar nicht klappen, ich kenn da nämlich einen Statiker aus meinem Dorf, der hat eindeutig nachgewiesen, dass euer Grundwasserspiegel ...« – »Hör auf!«

Mein Hormonspiegel kommt erst langsam wieder ins Reine. Ich mach mir einfach einen faulen Abend mit Videos. Videos, die von Anfang bis Ende durchlaufen – »Jenseits von Eden«, das hab ich ja abgeschaltet nach zehn Minuten, nachdem mein Besuch mir bis dahin sämtliche Szenen aus anderen Filmen erzählt hat, in denen James Dean mitspielt ... Ich will Salzgebäck! Ich will Ruhe! Ich will einen funktionierenden Transrapidtunnel direkt von diesem Bett hier auf die Kanarischen Inseln!!

Wie schön die Welt sein kann – und gleich fängt die »Lindenstraße« an. 18 Uhr 40. Ich leg mich ins Bad und spann ab. Und falls irgendwas auf mich warten sollte da draußen – denen schick ich diesmal mein Double. Mal sehen, wie der's rüberbringt!

(1996)

Anfang des Gedankens

Dass meine Hauspostille, »Der Tagesspiegel«, seinen Leitartikel heute, am 19. März 1995, mit »Der schwierige Abschied von West-Berlin« überschreibt, hat mich gerührt. Ich lese das Blatt seit 35 Jahren, und seit zwei Jahren sitze ich sogar in dem gleichen Sessel an gleicher Stelle, an der mein Vater sonntags immer saß, und lese und blättere.

Eigentlich stand in dem Artikel nichts Wichtiges, aber die Überschrift ist zeitlos, ich kenne ja meine Nachbarn, die unumstößlich »in den Osten« aufbrechen werden, auch wenn sie ihr Wochenendausflug nur zehn Kilometer südlich führt, nach Kleinmachnow zum Beispiel.

In Kleinmachnow trafen sich Anfang der Fünfziger manchmal ein paar Dissidenten der Ulbricht-Zeit, Lektoren, Utopisten, und teilten die Hoffnung, den jungen DDR-Staat zu einer Art radikalerem – nicht menschlicherem – Sozialismus umzuwandeln. Sie wanderten dafür in die Knäste ihres Staates – und dort zerstritten sie sich. Einer von ihnen war Wolfgang Harich, ein stämmiger Philosoph. Er ist letzte Woche verstorben.

Ich wohnte damals noch in Lichterfelde, fuhr mit einem Tretroller herum, und Kleinmachnow lag ein paar Kilometer weg am Teltowkanal. Dort war es irgendwie böse, das wusste ich. Ich kann mich erinnern, wie kurz vor ’61 die paar Kollegen meiner

Eltern, die es gerade noch nach Westen geschafft hatten – allesamt Bibliothekare, die meisten sogar sozialistisch bewegt aus der Nachkriegszeit, ihrer Jugend –, wie Schiffbrüchige begrüßt wurden, und der Mauerbau war dann für alle der Beweis, doch auf der richtigen Seite gestanden zu haben. Man rückte zusammen, man suchte Wohnungen füreinander und teilte …

Wolfgang Harich war damals im Knast. Auf den Schulhöfen, die mich großzogen, kursierte der Spruch *blöd wie Ostbrot* (statt *blöd wie Stulle*). Als Wolfgang Harich nach acht Jahren entlassen wurde, hatte er in der Zelle ein großes, halsstarriges Buch über den Dichter Jean Paul geschrieben. Ich las es mit Anfang zwanzig und es gefiel mir nicht, denn es war voll von stalinistischer Doktrin, von Gut-und-Böse-Denken, während ich doch das Leben als ein intelligentes Spiel haben wollte und die Welt als globales Dorf …

Damals rückte man in West-Berlin schon für keinen mehr zusammen, aber man hielt sich noch für den Nabel der Welt. Man glaubte (und erlebte): Wenn alle immer mehr kriegen, geht es keinem mehr elend. Und auch in der DDR war der Widerstand bald geprägt vom gleichen Glauben (von der Ständigen Vertretung) – wie die offizielle Politik dort von den Strauß'schen Milliarden.

Zuletzt habe ich Wolfgang Harich in einem Fernsehgespräch erlebt, lange nach '89, wo er eine Art Steinzeitkommunismus predigte: Er sagte allen Ernstes, wir müssten verzichten und uns kasteien – nicht unser lächerliches Leben und Ländchen wären der Rede wert, auch nicht seine eigenen Erfahrungen im DDR-Knast, auf die der Interviewer immer wieder zurückkam, sondern der Globus. Heillos altmodisch. Das war zu der Zeit, als auch mein Vater wunderlich wurde und manchmal von den Tagen der Blockade sprach, als die Rosinenbomber noch wirkliches Essen für wirkliche Menschen über der Stadt abwarfen ...

Vorgestern war ich in Kleinmachnow mit meinem Sohn. Wir bummelten zwischen den bescheidenen, aber hochdotierten Häuschen der dort ansässigen Altfunktionäre umher, ich zahlte unseren Kuchen beim Italiener mit Kreditkarte, und wir sahen in dem aufdringlich dröhnenden Fernseher einen Bericht über die niedersächsische Umweltministerin Griefahn und ihren Lebensgefährten, und später noch eine Reportage über virtuellen Sex.

Während Max eine Weile mit dem Kellner flirtete, hatte ich Gelegenheit, über das Wort *virtuell* nachzudenken. Der Wert der kleinen Funktionärsvillen ist z. B. virtuell – marode Häuschen auf hochspekuliertem Grund. Die Idee von Frau Griefahns Mann, eine Weltausstellung in Hannover durch Plaketten zu finanzieren, die nichts weiter bedeuten außer dem Wert, den man ihnen zumisst, ist virtuell. Wir werden eine virtuell in Berlin ansässige Regierung bekommen. Wir werden Klima- und andere Horrorszenarien lösen, bravourös, aber virtuell, auf dem Bildschirm. Wir werden mit virtuellem Geld unsern Reichtum vermehren (Optionen auf Möglichkeiten), werden virtuell Steuern zahlen, virtuell Kinder erziehen, virtuelle Schutzgelder ausgeben für den Genuss, zuhause bleiben zu dürfen – wir werden uns irgendwann nicht mehr nach draußen wagen. Alles ist bei uns. Was ist dann außer uns?

Also: Obwohl ich der Umgebung meiner Kindheit eher skeptisch gegenüberstehe, ich kann schon verstehen, dass man sich von seinem alten West-Berlin nur so ungern verabschiedet – es ist doch wenigstens da gewesen.

(März 1995)

Der Kettenbrief

Der tägliche Gang zum Hausbriefkasten ist eine Freude. Wer denkt an uns, sind die Hochwasserfotos unserer Koblenzer Freunde endlich da? Und der Urlaubsgruß von Gundi und Bernd: war der Kunstschnee in ihrem Wintersitz hinter Bozen okay?

Weniger freuen computerunterschriebene Mahnungen oder grellblöde Lotterieangebote, aber dann ist z. B. eine versehentlich bei uns eingeworfene Annonce an unsere entsetzliche Nachbarin mit dabei, von einem Verein *Frauen in ihrer Lebensmitte* – Heiterkeit einen Abend lang garantiert ...

Früher einmal kam die Post mehrmals täglich; jetzt liegt sie zur Kaffeezeit im Kasten, und ich fürchte den Tag, wo wir sie uns an einem Schalter werden abholen müssen. Dem Abholschalter wird man einen englischen Namen verpassen, etwa Donation Counter, und mit aufwendigen Handzetteln wird man das Ende der Dienstleistung als eine Servicesteigerung verkaufen.

Etwa so: *Wir sind immer für Sie da. Am Donation Counter. Ihre Bundespost.*

Aber noch darf ich im Hausflur stehen und erwartungsvoll das kleine Schlüsselchen drehen. Noch wundere ich mich über ein Schreiben ganz ohne Absender – da hab ich es schon geöffnet.

»Küsse jemanden, den Du liebst«, steht da in fotokopierter Schreibmaschinenschrift, ich bin gerührt, »breche den Zauber nicht.«

Oh, warum ich, denke ich.

»Das Glück wurde in Deine Richtung gewendet«, lese ich weiter, »es wird Dich erreichen innerhalb von vier Tagen, vorausgesetzt, Du verlängerst den Zauber fort und vervielfältigst diesen Brief ...«

Wie zur Beruhigung steht ein Papierkorb neben mir. Ich erinnere mich an einen Kettenbrief: Da hab ich zehn Mal fünf Mark an Fremde und zwanzig Fotokopien an Freunde versendet, das waren mit Porto rund siebzig Mark – fünf kamen zu mir zurück. Aber: »Sende kein Geld«, lese ich, »sende Kopien an Leute, die Glück brauchen könnten.«

Man hat die Gesamtbevölkerung des Planeten im Auge – möglicher Marktanteil: Hundert Prozent.

Die Bewegung meiner rechten Hand zum Papierkorb hin ist fast automatisch, und nur aus Dösigkeit lesen die Augen die Zeilen des Schreibens zu Ende. Dabei werden sie groß.

»Gene Welch verlor seine Frau, sechs Tage, nachdem er den Brief bekam: Er hatte die Kette unterbrochen.«

Guter Geist, diese Zeiten sind hart – wer beobachtet mich, über Erdteile weg, wer will mich versuchen? Ich bin nicht abergläubisch, aber ich hab wunde Punkte ...

Wetzen sie grad ihre Messerchen für eine Puppe, die meine Wenigkeit darstellen soll, mächtige Glücksversender rund um die Welt?

Der Brief brennt die Hand: Werf ich das Machwerk weg, dann hab ich an allem, was folgt, ab jetzt selber Schuld; schick ich es weiter, dann aber doch auch – wie im wirklichen Leben sind Konsequenzen nicht absehbar.

Sehr deutlich nehme ich einen Moment lang den brüchigen Boden zur Kenntnis, auf dem wir alle stehen – ich, dieser Kettenbrief, die heillos verschuldete Bundespost, der Papierkorb – irgendwo schlägt ein Schmetterling mit den Flügeln und das Chaos bricht aus …

Stände ich gerade an einem Donation-Counter, dann würd ich den Wisch einem nächsten Besten in seine Hand drücken und einfach weglaufen, aber das wär's nicht – ich glaub ja schon an den Zauber, der Brief gibt mir Macht, ich weiß nur noch nicht so recht, wozu.

Den entscheidenden Anstoß bekomme ich durch die letzte Passage des Schreibens, geschickt gesetzt, meine Augen trudeln direkt darauf zu:

»Als Gene Welch seine Frau verloren hatte, schickte er seinen Brief doch noch ab. Und binnen vier Tagen gewann er im Lotto.«

Ich hab das Prinzip kapiert.

Denn auch, wenn der gute Gene damals vielleicht nur 4 Mark 50 bekommen hat als Trost für seine Verblichene – für irgendjemanden muss das ein Glück gewesen sein –, da war ein Steinchen ins Rollen gekommen – Prinzip des Lebens …

Die Haustür geht auf. Der unauffällige Liebhaber unserer schrecklichen Nachbarin betritt den Flur. Ich gebe mir einen Ruck.

»Moment, mein Lieber!«, ruf ich und häng mich an seinen Arm, »Es mag Sie überraschen, was ich hier treibe, und es kostet mich auch Überwindung … Sie entschuldigen schon …« – Schmatz, Schmatz, »aber ich habe da Post für Sie …«

(1995)

Paradies Rüdi

Mit den Rosen, mit den Lilien,
Liebespaaren und Familien,
mit dem Weißwein auf den Tischen
und den Kerzen in den Büschen,
mit dem Wasserfall am Felsen
und dem Rotwein in den Hälsen,
mit dem Frohsinn aus den Herzen
und Rheingauer Winzerscherzen –
dieser Platz hier im Südwesten
unsrer Stadt gehört zum Besten
und Geheimsten, was sie hat.
Bürgersinn geriet zur Tat.
Setz dich nieder und genieß:
Von Mitte Mai bis in den Herbst,
von 5 Uhr nachmittags bis in die frühe Nacht
ein Paradies.

Freigeharkt von Hundescheiße,
nicht mal schick, und trotzdem leise,
wer als Fremder ist gekommen,
hat in Freundschaft Platz genommen
– wie Herr Said am Tisch aus Ghana,
Ingenieur und kein Absahner –,

wer hier wohnt wie er, hat Geld,
und man kennt sich auf der Welt.
Man fühlt Grün, man sieht nicht rot,
alles andre Grün ging tot,
alle ander'n Parks versteppen,
weil die Stadtkassen verebben,
und der Staat nur gegen Spenden
noch wird Freundlichkeiten senden.
Hier ist vorgesorgt: Genieß
die Wirkung einer Erbschaft einer reichen Witwe,
die den Nachbarn einstmals hinterließ
dies Paradies.

Frohe Lieder, mit Geschepper,
gleichzeitig ein Sattelschlepper,
paar Zigeuner spielen auf,
andre laden Autos drauf,
die dann leise durch die Nacht
zur Umspritzwerkstatt wer'n gebracht.
Bürgerwehr und *Fremde weg*,
ruft mancher da im ersten Schreck,
nur Herr Said, der Käse pickt,
spöttisch in die Runde blickt.
Kauend sagt er: »Bürgerwehr?
Bloß ein Wachschutz müsste her.
Dieser Park, Beete und Rasen
sind zu wertvoll für die Massen,
wer nicht wohnt hier, soll bezahlen,
die Steppe draußen gehört allen.«
Das ist am Platz ein fremder Ton,
der Schwarze hat noch mehr davon,

»wer gut lebt«, ruft er, »wird weichlich,
Privatstadtteile kenn ich reichlich,
sind ein Ansporn für die Armen,
und für die Reichen ein Erbarmen,
Privatarmeen in Accra, Rio,
Moskau, Kapstadt, demnächst in London oder Kairo,
was wäre ohne Privatstrand Thailand?
Ein Wachschutz teilt sogar auf Coney Island
das Kulturland und die Brache.«
Alle sind still. Mit trockner Lache
sagt Mr. Said dann: »Ganz Europa
sichert seine Grenzen doch wie ein Privatgebiet.
Warum dann ihr nicht diesen Platz?
Den ihr so mögt, wie man ja sieht ...«

Mit den Rosen, mit den Lilien,
Singles, Paaren und Familien,
mit den Bürgern an den Tischen,
die ihre Krümel selbst abwischen,
bleibt der Platz ganz im Südwesten
bisher noch offen und gehört zum Besten,
was die Stadt zu bieten hat.
Also nutz die Stunde und genieß
von Mitte Mai bis in den Herbst,
von 5 Uhr nachmittags bis in die frühe Nacht
dies Paradies.

(Juni 2011, veröffentlicht auf der CD »No Go«, 2013)

Viel zu früh

Ich hab immer erwartet, dass es mal kracht im Gebälk,
dass der Boden uns wegbricht, das Sempervivum verwelkt,
wir sind reif, wir sind schuld, wir sind müde, und die kommen
sich holen,
was sich nicht mehr vor ihnen verstecken lässt,
und zwar mit brennenden Sohlen,
mit allen Rechten der Armen, nicht als Bittsteller mehr,
sondern kalt, konsequent, kompromisslos –
revolutionär.

Doch das ist viel zu früh,
ich find's ja richtig, doch der Zeitpunkt haut nicht hin,
viel zu früh,
die sind in dem Bewusstseinszustand gar nicht drin,
viel zu früh,
und so mamamerkelmäßig, wie das losgeht, klappt es nie –
und außerdem hab ich geglaubt, wenn die mal kommen,
dass ich dann längst übern Jordan bin.

Natürlich ist es scheinheilig, die Flüchtenden in Gruppen
einzuteilen,
in die echten und die falschen, die Verfolgten und die Masse
von auf Wohlstand geilen,

diese Welt ist wie ein Schlachthaus, nur'n paar Eckchen bieten Sicherheit,
wenn so ein Eckchen überrannt wird, ist das bitter, aber auch ein Stück Gerechtigkeit,
Auswirkung des globalen Sturms, in dessen Mittelpunkt wir leben,
wir leben gut, weil der Sturm tobt.
Wir hätten allerhand zurückzugeben (außer immer nur Waffen).

Aber jetzt ist das vielleicht zu früh,
es kommt so ungeplant, der Zeitpunkt haut nicht hin,
viel zu früh,
wir stecken selber tief in einer Umbruchphase drin,
viel zu früh,
und außerdem, das religiöse Zeugs, das da mitanschwemmt, packt mich nie,
entspricht so gar nicht unsrer europäisch-aufgeklärten Lebensart und Theorie ...

Aber immer hör ich: Red nicht dauernd, hilf doch lieber mit.
Alle sagen: Red nicht dauernd, hilf doch lieber mit.
Ich höre das von meiner Frau bis hin im Radio vom Vorsitzenden beim Bund der Industrie.
Ich stelle mich ans offene Fenster, atme kräftig ein und sage leise, aber deutlich:
»Hoch die internationale Solidarität!«
Was haben wir das früher oft gerufen,
und wie schräg klingt das mittlerweile ...

Aber viel schräger klingen für mich diese neurechten Figuren,
Botho Strauß, Sloterdejk, Matussek, die Stars in
Lehrerzimmern und Beamtenfluren,
denen jetzt nichts dringender abgeht als ihre deutsche Identität,
aber mit den Sparfonds flott auf den globalen Märkten: Hey,
kommt mir nicht so blöd …
Ein frischer Wind von draußen, und die Besitzstandswahrer
kickten ein in ihrem Knie
mit ihrem biederen sozialen Regelwerk – aber wer kann das
wollen, doch nicht wir Linken.

Das wäre einfach viel zu früh,
wir müssten auf den Umsturz vorbereitet sein,
viel zu früh,
und der IS-Terror bringt sowieso nur wieder Chaos rein.
Wer blickt denn hier noch durch? Meine Klassiker sind längst
auf Sendepause
und mein privater Plan war eigentlich: paar nette Jahre noch
und dann leise ab nach Hause …

Unsere Wohnung ist sehr groß, ich denke manchmal: zum
Verlaufen.
Mit einem fremden Herrn im Schlepptau kam meine Frau
zurück vom Einkaufen.
»Das ist Herr Dr. Saleh, Lehrer für Sport und Deutsch aus
Homs in Syrien,
er wird jetzt bei uns wohnen mindestens bis zu den großen
Ferien.«
Sie sagte das in einem Ton, bei dem es sinnlos ist zu
widersprechen,

und ich bin gerne gastfreundlich und weiß auf meine stille Art
mich auch an ihr zu rächen,
mit einer guten Flasche Wein und Doktor Saleh am Kamin
sprach man von Mann zu Mann von Thomas Mann und
Heinrich Mann
und Sartre und Camus. Und die Stunden gingen hin,
bis ich ihn ansah, sagte: »Ibrahim«, wie ich ihn da schon
nannte,
»ich glaube, eine revolutionäre neue Zeit bricht an, wie keiner
von uns beiden sie schon kannte.«
Da lachte Ibrahim, schaute sich um und sagte: »Oh, das tut mir
Leid,
ich war so lange unterwegs, ich fühl mich wohl hier, für diese
neue Zeit …

… find ich es eigentlich noch etwas früh,
ihr habt es hier doch gut getroffen,
viel zu früh,
Prost auf die alte Zeit, die lässt mich hoffen.«
Viel zu früh,
viel zu früh – das denkt sogar mein Gast!
Er sagte: »Tut so gut, wenn sich mal gar nichts ändert
und wenn man einfach ohne Angst durch eine schöne Straße
schlendert …«

(November 2015)

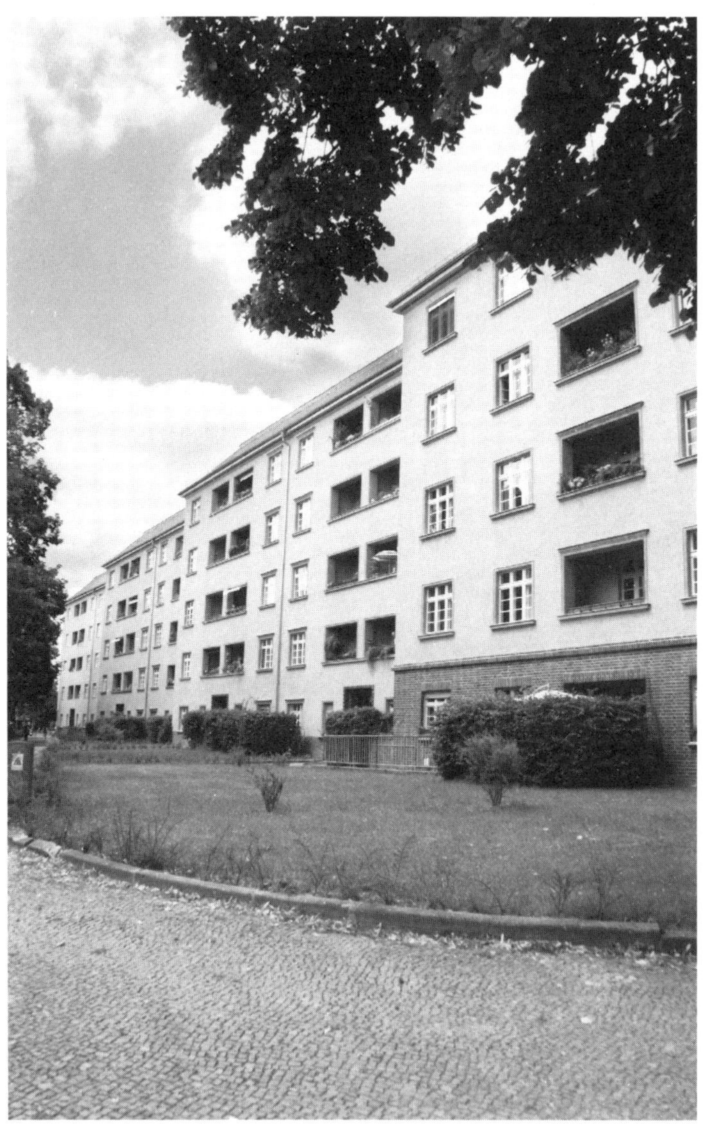

Küko-Block an der Kreuznacher Straße

Schlussbemerkung

Ich danke allen, die sich mit mir über die Küko unterhalten haben und damit zur Entstehung dieses Buches beitrugen: Teresa Stäger, Jutta Gukelberger, Dietrich Lehmann, George Kranz, Alwin Schütze, dem literarischen Salon um Daniela Böhle und vielen anderen im Vorbeigehen, en passant – aber vor allem danke ich Kristjane Maurenbrecher für den gemeinsamen Plan, Gespräche, Beobachtungen und ihre gründliche Art, diesen Text mitzuformen.

Empfohlen sei die im Netz präsente Seite des »Vereins KünstlerKolonie e. V.«. Hier wird eine große Sammlung von Erinnerungen an das Leben in der Kolonie angelegt, und die freiwillige Arbeit der Beteiligten an dem digitalen Archiv ist nicht hoch genug einzuschätzen: www.kuenstlerkolonie-berlin-ev.de/Index.php/startseite.html.

Auf die kulturellen Unternehmungen des Vereins sei hier auch hingewiesen. Der genannten Netzseite vorausgegangen ist eine zweite, mindestens ebenso reichhaltige, die aus Gründen, die mir unzugänglich sind, plötzlich vom Netz verschwand. Mein Glück, dass ich schon vor zehn Jahren ein paar Exzerpte aus Interviews und Faksimiles dieser Seite festgehalten habe, als sie noch öffentlich war (was sie auch wieder sein sollte). Interessantes im Übermaß findet sich übrigens immer, wenn man sich mit der Geschichte dieses kleinen Teils von Berlin beschäftigt.

Abbildungsnachweis

Feix S. 9, 43, 48, 49, 58,59, 61, 70, 74, 88, 94, 98, 107, 113, 141
Künstlerkolonie Wilmersdorf e.V. S. 17, 18
Maurenbrecher S. 25, 30, 36, 81
ullstein-bild S. 41 l., S. 41 r. (Pressefoto Kindermann), S. 51 (Curt Ullmann)

Der Autor

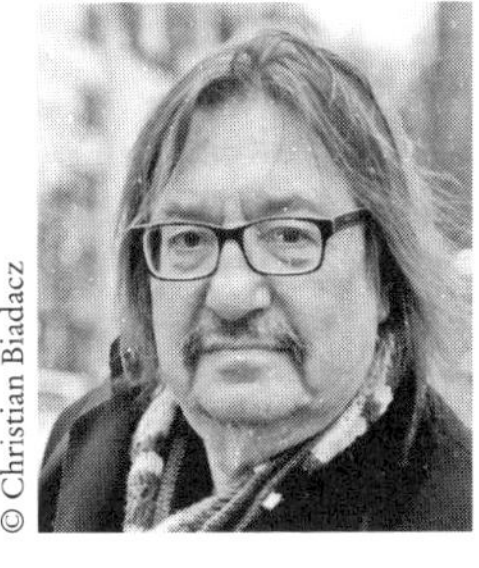
© Christian Biadacz

Manfred Maurenbrecher, geboren 1950 in Berlin, ist Musiker und Schriftsteller. Von ihm erschienen bisher zwei Romane, zwei Textsammlungen und über 20 Tonträger mit Liedern. Er tritt solistisch und mit Bandbegleitung auf und in verschiedenen Teams wie dem Mittwochsfazit, dem Randy-Newman-Projekt und dem Berliner Jahresendzeitprogramm. Lieder von ihm sagen u. a. Katja Ebstein, Veronika Fischer, Reinhard Mey und Hermann van Veen, er moderierte Rundfunksendungen, verfasste Radiofeatures und arbeitete für TV-Serien (»Cobra 11«). Er wurde u. a. mit dem Deutschen Kleinkunstpreis (zusammen mit Richard Wester), dem Deutschen Kabarettpreis (zusammen mit dem Mittwochsfazit) und dem Jahrespreis der Liedbestenliste (1998, 2010 und 2016) ausgezeichnet.

Mehr Berliner Orte!

In der Reihe »Berliner Orte« nähern sich ganz unterschiedliche Autoren mit ihrem jeweils eigenen Stil und Blickwinkel einem Teil Berlins, der für sie eine besondere Rolle spielt. Mal persönlich, mal historisch und immer ganz individuell zeigt sich so die Stadt in ihrer ganzen Vielfalt.

Jörg Albrecht
Der Kotti
ISBN 978-3-89809-129-9

Walter Benjamin
Stadt des Flaneurs
ISBN 978-3-89809-131-2

Brauseboys
Geschichten aus der Müllerstraße
ISBN 978-3-89809-108-4

Tanja Dückers
Mein altes West-Berlin
ISBN 978-3-89809-122-0

Knut Elstermann
Meine Winsstraße
ISBN 978-3-89809-107-7

Manfred Maurenbrecher
Künstlerkolonie Wilmersdorf
ISBN 978-3-89809-128-2

Hans Ostwald
Dunkle Winkel
ISBN 978-3-89809-121-3

Rolf Schneider
Die Bölschestraße
ISBN 978-3-89809-120-6

Jörg Sundermeier
Die Sonnenallee
ISBN 978-3-89809-132-9

Kurt Tucholsky
Westend bis Köpenick
ISBN 978-3-89809-109-1

Andreas Ulrich
Torstraße 94
ISBN 978-3-89809-130-5

Volker Wieprecht
Zwischen Kreisel und Kleistpark
ISBN 978-3-89809-119-0

www.bebraverlag.de

Eine Zeitreise ins alte West-Berlin

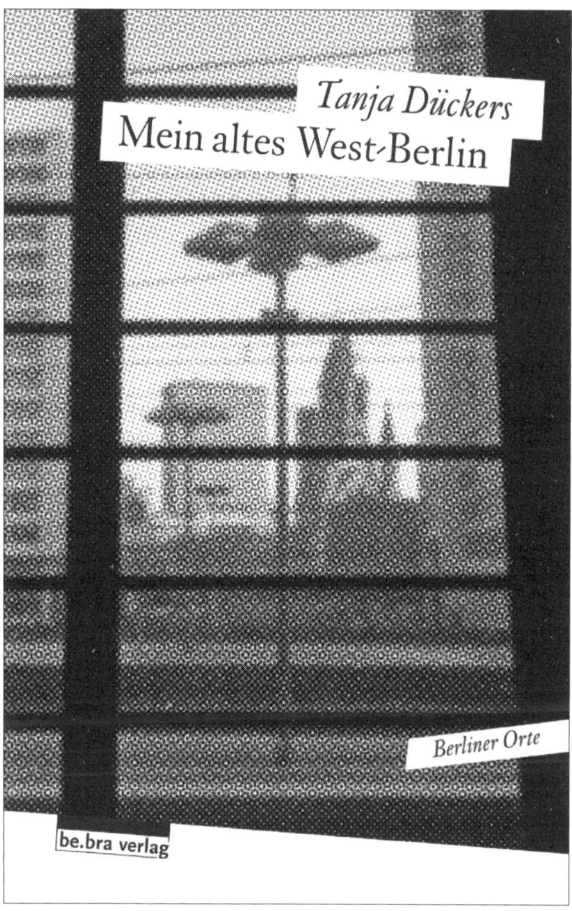

Die Autorin reflektiert in pointierten Alltagsbeobachtungen ihre eigene Kindheit und Jugend im West-Berlin der 1970er- und 1980er-Jahre.

Die Sonnenallee – Fünf Kilometer Berlin

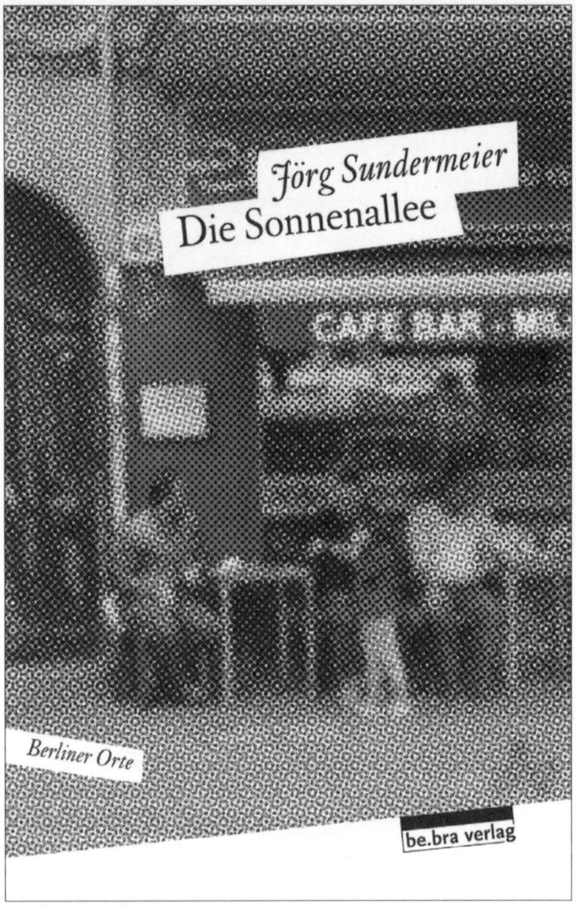

Beim Spaziergang des Autors durch die Neuköllner Sonnenallee entfaltet sich das Bild einer der aufregendsten Straßen Berlins.